UNITÉ
DÉMOCRATIQUE

OU

ESSAI DE SYNTHÈSE

UNITÉ
DÉMOCRATIQUE

OU

ESSAI DE SYNTHÈSE

PAR

L.-J. PÉRILHOU

Avocat à la Cour d'appel de Paris, ancien magistrat

Auteur de *l'Inamovibilité de la Magistrature.*

. . . .
Et l'unité naîtra de la diversité.

P. LACHAMBEAUDIE.

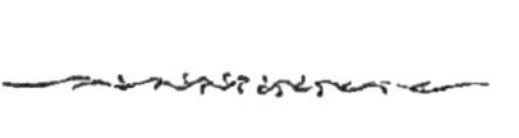

PARIS

G. COMON, LIBRAIRE ÉDITEUR

QUAI MALAQUAIS, 15.

1851

AVANT-PROPOS

Des hommes dépourvus d'instincts démocratiques, de science sociale, ont pu dire, à propos de la République : LAQUELLE? Ce langage, qui se conçoit dans la bouche des adorateurs du passé, ne saurait convenir à des républicains, hommes de principes avant tout. Il est, en effet, de l'essence de la République d'être UNE comme la vérité qu'elle représente, comme le droit dont elle est la manifestation.

Et pourtant que de systèmes en présence, non-seulement sur la question sociale, mais encore sur la question politique!

La démocratie française, PAR LA FORCE DES CHOSES TRIOMPHANTE EN 1852, doit-elle donner au monde le triste spectacle de luttes et de déchirements qui rappelleraient, moins l'échafaud, les luttes à jamais déplorables des girondins et des montagnards, des montagnards et des thermidoriens ? Est-elle destinée à périr dans l'anarchie des systèmes ?

L'anarchie dans les idées conduit fatalement à l'anarchie dans les faits; l'anarchie dans les faits, à la dictature; la dictature implique la négation de la République; car la dictature, c'est la force, et la République, c'est l'idée ! De la dictature à la monarchie il n'y a qu'un pas.

Ce résultat vaut la peine qu'on y réfléchisse !

Si j'énumère les diverses nuances qui existent dans le camp de la démocratie, j'en trouve TREIZE bien distinctes, d'où peuvent naître, dans un moment donné, de fâcheuses compétitions : les *socialistes purs*, divisés en *socialistes pacifiques* et en *socialistes révolutionnaires*, les uns et les autres représentés par Cabet, Considerant, Louis Blanc, Pierre Leroux, Proudhon, Emile de Girardin et Blanqui. Puis, en dehors de ces systèmes ou de ces tendances, nous avons les *socialistes éclectiques*, les *montagnards socialistes*, les *montagnards purs*, les *républicains démocrates*, les *républicains formalistes*, et enfin les *républicains éclectiques*, j'appelle ainsi ceux qui acceptent la République, mais qui s'accommoderaient volontiers d'une monarchie constitutionnelle Voilà les nuances principales; peut-être, en cherchant bien, en trouverait-on encore d'autres.

Et qu'on ne m'accuse pas d'exagérer le tableau; il m'eût été facile d'accoler des noms propres à chacune de ces nuances. On devinera aisément pourquoi je m'en suis abstenu.

Nos divisions ne proviennent que de l'imperfection de notre éducation démocratique; quelles que soient les tendances personnelles que chacun puise dans sa manière de sentir, dans la nature de son organisation, — et il en est de si diverses, — les principes ne peuvent varier au gré des individus; c'est à ceux-ci à les étudier, à les approfondir, afin de pénétrer dans leur connaissance intime.

Il ne saurait y avoir plusieurs manières d'entendre la République. Ne repose-t-elle pas sur des principes certains, aussi certains que des axiômes de physique ou de géométrie?

Personne n'a jamais songé à contester que le contenant ne soit plus grand que le contenu, que la ligne droite ne soit le plus court chemin d'un point à un autre, que deux lignes parallèles prolongées ne peuvent jamais se rencontrer; pourquoi donc ne pourrait-on pas ramener à ce degré d'évidence les principes de la démocratie et les conséquences qui en découlent?

Les divisions qui naîtraient de questions personnelles seraient puériles.

Celles qui naîtraient de la diversité des principes mériteraient seules qu'on s'y arrête.

Les principes ne peuvent être mis en question; c'est leur application seule qui pourrait engendrer les dissidences.

Mais les principes fixés et bien compris, leurs conséquences se déduisent naturellement; c'est une affaire de logique et de bonne foi.

Quand on connaît bien le point de départ et le but à atteindre, il est facile de s'entendre sur la route à parcourir.

Nul ne peut vouloir que ce qui est possible !

Tant de systèmes divers ont été émis, qu'il s'agit moins aujourd'hui d'en formuler de nouveaux que de vérifier et d'épurer ceux qui ont été produits; ce travail d'analyse et d'épuration devait nécessairement précéder 1852, afin de préparer les éléments de la synthèse destinée à servir de fondement à l'édifice social et politique de l'avenir. Sans doute il eût été à désirer que de plus habiles eussent entrepris cette œuvre difficile, répugnante même; à défaut d'autres, je me suis dévoué. Quel que soit le sort de ce livre, on ne perdra pas de vue l'incontestable utilité du but que je poursuis; il servira, je l'espère, d'excuse à mon insuffisance.

Depuis quelque temps, grâce aux excès de la réaction, les nuances semblent se voiler; l'ensemble des votes de l'opposition républicaine à l'Assemblée indique une tendance vers l'unité; d'un autre côté, il faut reconnaître que le terrain commun s'est considérablement élargi depuis Février. La question sociale surtout, malgré ses aspérités, ses formules trop absolues et quelquefois même trop alarmantes, a fait d'immenses progrès. Il y a, cela est incontestable, tendance marquée vers l'unité; mais ce serait une grave erreur de croire qu'elle soit fondée. La démocratie, unie en ce moment par la nécessité de défendre la république menacée, ne se divisera-t-elle pas lorsqu'il s'agira de l'affirmer, de la formuler en institutions? et déjà la diversité des systèmes et des tendances n'éclate-t-elle pas à tous les yeux? Trop de ferments de division existent encore, soit ostensiblement, soit à l'état latent, pour qu'on doive faire bon marché d'un symptôme qui offre à nos yeux d'immenses dangers pour l'avenir.

Le temps presse, 1852 arrive à grands pas; il s'agit de constituer l'unité démocratique; le salut est à ce prix.

La théorie du gouvernement direct du peuple par lui-même ne résout rien; elle change le théâtre de la lutte, mais ne fait pas disparaître le danger; au contraire, elle l'augmente en le généralisant.

Pour lutter avec avantage dans la guerre des rois coalisés contre la démocratie française, guerre inévitable, prochaine, et qui sera la dernière, nous avons besoin d'unité.

Notre législation, si confuse et si incohérente, est à

refaire en grande partie, et pour cette œuvre encore il faut de l'unité.

Unité pour combattre, unité pour fonder, unité pour la paix, unité pour la guerre.

Unité partout et toujours, mais unité sans despotisme.

L'unité régit le monde physique, elle doit régir aussi le monde moral; l'unité c'est la loi universelle.

Avec l'unité de la démocratie, tout est possible, même, peut-être, dans l'avenir, le gouvernement direct du peuple; c'est donc par elle qu'il faut commencer.

Jetons un voile sur le passé; toutes les nuances de la démocratie ont des fautes à se reprocher; l'infaillibilité est un privilége auquel il n'est donné à personne de prétendre. Amnistions-nous d'abord nous-mêmes; ce sera préluder heureusement au grand œuvre de la conciliation universelle qu'est appelée à fonder la démocratie.

Août 1851.

UNITÉ

DÉMOCRATIQUE

OU

ESSAI DE SYNTHÈSE

CHAPITRE Ier

Tout républicain est socialiste. — Quiconque n'est pas socialiste n'est pas républicain.

Point de vaines phrases; entrons immédiatement en matière.

Qu'est-ce que la République? La République, c'est la raison de l'homme réhabilitée; c'est la reconnaissance, l'affirmation de la souveraineté individuelle et collective; c'est la substitution dans le gouvernement de la volonté générale à la volonté d'un seul ou de quelques-uns; c'est, en d'autres termes, le contraire de la monarchie, qu'elle s'appelle légitime ou constitutionnelle.

La République a pour principe d'après toutes les constitutions, notamment d'après la Constitution de 1848 : la *liberté*, l'*égalité* et la *fraternité*.

Qu'est-ce que la liberté, si ce n'est le pouvoir qu'a l'homme social d'exercer et de développer librement ses facultés *physiques, morales* et *intellectuelles?*

Or, comment l'homme dépourvu de ressources, pourra-t-il exercer et développer ses facultés physiques, si la société lui refuse les moyens de pourvoir, par son travail de chaque jour, à sa subsistance et à celle de sa famille?

Celui dont l'existence n'est pas garantie par le travail ne peut pas plus exercer et développer ses facultés morales et intellectuelles que ses facultés physiques.

Voilà donc le droit au travail qui surgit de la définition du premier terme de la formule républicaine.

Le droit au travail... formule qui, mal définie, a donné lieu à tant d'interprétations diverses, soulevé tant de colères et de tempêtes, et qui, aujourd'hui que la science a parlé, est reconnu n'être autre chose que le droit aux instruments de travail, en d'autres termes, le droit au crédit.

Or, le droit au travail, ou, ce qui est la même chose, le droit au crédit, constitue la base même du socialisme.

Je pourrais compléter ma démonstration par les

deux derniers termes de la formule républicaine, mais le premier me suffit ; on comprend, en effet, que dans un état social où l'homme est en peine de son existence, l'égalité et la fraternité ne sauraient exister pas plus que la liberté.

La formule républicaine n'est autre, dans son ensemble, que la substitution du grand principe de la solidarité humaine, ou, si on l'aime mieux, de la fraternité à l'individualisme ; ce sera l'éternel honneur de nos pères de l'avoir proclamée.

Nous pousserons plus loin la démonstration ; il nous suffira pour cela d'examiner la nature de l'homme, les droits qu'il apporte en naissant, les devoirs sociaux de tous envers chacun, pour démontrer la légitimité, la nécessité de cette loi de solidarité, espérance du plus grand nombre, effroi de quelques-uns, et qui, de fatale qu'elle a été jusqu'à ce jour, deviendra avant peu bienfaisante et féconde.

Nous jetterons un coup d'œil rapide sur les diverses sectes ou écoles socialistes ; nous signalerons les différences et les points de contact qui existent entre elles, afin de mettre le lecteur à même de porter sur chacune de ces écoles un jugement impartial et éclairé. Nous espérons par là dissiper bien des préventions, bien des nuages ; nous indiquerons les principes, les voies et les moyens de nature, selon nous, à amener la vraie solution du problème social.

Nous nous expliquerons sur la question du gouvernement ; nous dirons ce que doit être le gouvernement dans une démocratie ; nous examinerons aussi la question du gouvernement direct soulevée récemment.

En attendant, constatons que quiconque est républicain adopte dans toutes ses conséquences la formule républicaine;

Qu'adopter cette formule, ou seulement le premier terme qui la compose, c'est admettre le droit au travail, qui sert de fondement à l'idée sociale.

Donc, tout républicain est socialiste.

Quiconque n'est pas socialiste n'est pas républicain.

CHAPITRE II

Tradition historique du socialisme. — Le socialisme est le progrès accumulé des siècles. — Hypothèses. — République ou monarchie.

Socialisme, démocratie, république, c'est une seule et même chose; c'est l'affirmation de la liberté, de l'égalité et de la fraternité. Les mots ont pu changer pour exprimer les degrés, les étapes du progrès, la chose est restée la même. L'humanité, sous des dénominations différentes, a poursuivi, ainsi qu'on le verra tout à l'heure, le cours de son développement.

Le socialisme, comme aspiration, est aussi vieux

que le monde. Le premier homme opprimé a dû, dans sa conscience, protester contre cette tyrannie en murmurant le mot *liberté*; cet homme a été assurément le premier socialiste. Seulement, comme définition, comme science formulée, le socialisme est de création récente. Il a subi, comme toutes les idées, les lois ordinaires de leur développement; il a été d'abord, sous diverses formes, une protestation contre des actes d'oppression, puis une aspiration vague et confuse vers un meilleur avenir. Plus tard, il est devenu une négation formelle, et enfin une affirmation positive; dans tous les temps, il s'est traduit en opposition contre l'idée dominante lorsqu'elle se montrait oppressive.

C'est ainsi que, dans les sociétés antiques, où dominait l'esclavage, le socialisme s'est appelé *liberté*; sous Tibère et ses successeurs, *christianisme*; au moyen âge, *hérésie*; au XVIe siècle, *réforme*; au XVIIe, *jansénisme*; au XVIIIe, *philosophie*; en 1789 et pendant les années qui ont suivi, *révolution*; sous la Restauration, *libéralisme*; sous le gouvernement de Juillet, *république*.

Esclaves, chrétiens, hérétiques, réformateurs, jansénistes, philosophes, révolutionnaires, libéraux, républicains, ont fourni aux pouvoirs du temps leur contingent de martyrs. La calomnie ne les a pas épargnés; des torrents de sang ont coulé, des millions d'hommes ont péri, et cependant l'idée a marché, marché toujours, parce qu'elle est immortelle. Les vaincus de la veille sont devenus les héros du lendemain : l'avenir a eu raison sur le présent ; la postérité a réhabilité les martyrs.

Je ne saurais trop engager ceux qui ne cessent de jeter l'injure et l'outrage aux socialistes à méditer ces enseignements de l'histoire.

Le progrès étant infini, je me suis demandé bien souvent s'il n'y aurait pas à toutes les époques un parti du passé, un parti du présent et un parti de l'avenir, et si toute la science des gouvernements ne devait pas consister à modérer l'ardeur des uns, à s'opposer à la réaction des autres, de manière à rétablir l'équilibre et à opérer, au moyen d'une politique *juste-milieu*, une transaction entre le passé et l'avenir ?

Bien souvent, je me suis demandé si la France, ce pays d'initiative et de dévouement, cette sentinelle avancée du progrès, n'était pas impuissante à le réaliser, par cela seul qu'elle ne cesse de formuler l'idée nouvelle, et si Dieu, dans ses desseins impénétrables, ne l'avait pas prédestinée à être la nation martyre s'agitant dans des luttes sans fin, et traçant de son sang la route qui doit conduire les peuples au bonheur?

Je l'avouerai, des doutes sérieux, poignants, ont pendant longtemps torturé mon esprit et troublé mon sommeil. . . . .

. . . .

Mais non, l'humanité, dont la France est la tête et le cœur, ne peut être éternellement condamnée à rouler sur la montagne son rocher de Sisyphe ! Assez de larmes, de sang et de brigandages comme cela ! Dieu n'a pas créé le monde pour qu'il s'agite incessamment dans la douleur et dans les larmes. Ce serait un blasphème que de le croire. Pendant longtemps, les ténèbres de l'ignorance et de l'erreur ont obscurci la notion des droits naturels et imprescriptibles de l'homme. Aujourd'hui, le voile est déchiré ; les peuples de l'Europe ont comme nous la conscience de leurs droits : le contre-coup qu'ils ont reçu de la Révolution de Février en est une preuve évidente. Comme nous, ces peuples sont mûrs pour la démocratie ; les vieux pouvoirs sont à bout, le monde de la compression et de la misère touche à sa fin ; les travaux des socialistes ont préparé les éléments de la synthèse ; une voie nouvelle est ouverte, voie de salut pour tous, la France pratique doit y entrer la première, ne fût-ce que pour indiquer la route aux autres nations. Désormais, le progrès ne peut résulter que de l'expérience, et cette expérience, la France la fera.

Les idées naissent des besoins ; au fur et à mesure que ceux-ci se sont fait sentir, l'idée sociale a marché. Aujourd'hui que les besoins sont devenus plus nombreux et plus pressants, et que l'ensemble des connaissances humaines a acquis un certain développement, il est possible de formuler une théorie qui donne satisfaction à tous les intérêts, quelque divergents qu'on les suppose.

Par cela seul qu'un problème se pose, il doit recevoir une solution, surtout lorsqu'il est entré dans la conscience publique et qu'il répond à un besoin général et légitime.

Se croire impuissant en présence du problème

social, ce serait nier Dieu, la science et la logique!

Aujourd'hui il ne s'agit plus de modérer deux partis extrêmes. La question, Dieu merci, est trop nettement posée pour qu'il y ait place pour un troisième parti, un parti modérateur. Il n'y a réellement que deux principes en présence : la République avec toutes ses conséquences, et la monarchie appelée légitime. Le reste ne vaut pas la peine qu'on s'en occupe. Liberté ou autorité, expansion ou compression, il n'y a pas de milieu. De ces deux principes, quel est celui qui doit triompher? La conscience publique répondra : *Celui qui représente le droit éternel et la justice.* S'il pouvait en être autrement; si, en plein XIXe siècle, la loi du progrès pouvait être brisée, la tradition historique rompue, les travaux des philosophes et tant de magnifiques conceptions de l'esprit humain devenir sans objet; d'admirables découvertes telles que la vapeur, l'électricité, les aérostats, qui tendent toutes à favoriser le mouvement d'expansion de notre époque, arrêtées dans leur essor par un gouvernement de compression sous lequel elles deviendraient un véritable anachronisme; si ce phénomène étrange pouvait se réaliser, l'humanité n'aurait plus sa raison d'être et devrait se hâter de rentrer dans le néant!

Ce phénomène, je le verrais de mes propres yeux, que je n'y croirais pas! . . . .

. . . .

CHAPITRE III

Ce qui arrivera en 1852. — La propriété est un droit pour tous, aussi bien pour ceux qui possèdent que pour ceux qui ne possèdent pas. — Le socialisme ne veut dépouiller personne. — Impossibilité de fonder un gouvernement sur la spoliation.

Les fleuves ne remontent pas vers leur source, la démocratie aboutira.

Elle aboutira, parce qu'elle est la loi vivante de l'humanité, parce qu'en dehors d'elle il n'y a rien, rien qu'oppression et misère, et parce que, d'ailleurs, l'enchaînement des idées et la logique des faits le veulent ainsi.

Qu'on essaie tant qu'on voudra de faire revivre le passé. Vains efforts, pure illusion, on parviendra tout au plus à galvaniser un cadavre.

Les monarchies sont tombées d'impuissance; elles avaient fait leur temps, et les royalistes l'ont si bien senti qu'ils n'ont pas songé un seul instant à les défendre; ils ont compris qu'ils n'avaient d'autre moyen que de ruser avec la révolution : ils l'ont embrassée d'abord afin de pouvoir mieux l'étouffer.

Plus tard ils ont jeté le masque et arboré franchement le drapeau de la contre-révolution. Ne nous en plaignons pas, car ils ont plus fait pour l'éducation du peuple en ces trois dernières années que n'auraient pu le faire dix années de révolution. Ils ne se doutent pas, assurément, que ce sont eux qui sont les révolutionnaires, et qu'en agissant ainsi qu'ils le font ils précipitent la révolution.

Laissons-les faire et croisons-nous les bras ; ils font admirablement notre besogne : les voilà qui portent le dernier coup à l'institution de la présidence et travaillent activement, sans s'en douter, à leur propre décomposition, c'est-à-dire à la destruction complète du principe d'autorité.

Pendant ce temps la démocratie se recueille ; elle médite, elle élabore les grands problèmes de l'avenir. Jusqu'à ce jour les révolutions en France ont été imprévues ; elles ont éclaté spontanément sous l'explosion de la conscience publique indignée ; désormais il n'en saurait être ainsi : on peut, grâce aux progrès de la démocratie, fixer l'époque de la prochaine et inévitable révolution qui doit s'accomplir : cette époque, c'est l'an de grâce 1852. Les royalistes l'ont si bien compris qu'ils ont mutilé le suffrage universel.

Que le suffrage universel soit ou non rétabli en 1852, les exclus et les non exclus, simultanément sur tous les points de la France, feront connaître leur volonté souveraine. Ce fait, je le prédis, rien ne pourra l'empêcher ; alors la révolution sera invincible, parce que son heure sera venue et qu'elle se présentera sous la bannière formidable du droit.

Ce sera pour la première fois dans l'histoire une révolution à jour fixe, pacifique, je l'espère, et surtout *légale*, parce qu'elle sera *éminemment constitutionnelle*.

Je crois à une solution pacifique, quel que soit le sort de la loi du 31 mai, parce que je suis profondément convaincu que rien ne pourra résister à ce torrent de l'opinion qui, comme une traînée de poudre, éclatera partout au même instant.

Et c'est là ce qui distingue les révolutions des émeutes; une émeute n'a pas d'écho et se dénoue dans le sang ou le ridicule; mais une révolution, par cela même qu'il est de sa nature d'exalter au plus haut degré et d'universaliser le sentiment moral qui la détermine, paralyse la résistance, quelque formidable qu'on la médite.

On serait tenté de croire qu'il y a dans l'air un courant électrique dont la contagion gagne les indifférents et les ennemis eux-mêmes, exalte les uns et désarme les autres.

On peut combattre et vaincre une émeute.

On ne peut ni vaincre ni combattre tout un peuple qui revendique, dans un moment donné, l'exercice d'un droit constitutionnel.

On s'est peu battu en 1830.

On s'est moins battu en 1848.

On ne se battra pas en 1852.

Telle est ma convicion profonde.

Mais reprenons notre sujet.

La compression est essentiellement hostile à la nature de l'homme. Être intelligent et sensible, ses facultés ont besoin pour se développer d'expansion, c'est-à-dire de liberté.

La compression énerve, abrutit et dégrade.

La liberté fortifie, éclaire et moralise.

Entre ces deux principes le choix ne saurait être douteux.

Les hommes naissent avec des facultés inégales mais avec des droits égaux. Une fausse civilisation, en créant la diversité des intérêts, a produit fatalement la diversité des opinions. Voilà pour les apparences ; mais quand on pénètre au fond des choses, quand on parvient à dominer le sentiment exagéré de personnalité qu'un intérêt actuel et immédiat met en jeu, on demeure convaincu que ce qui est préjudiciable aux uns est préjudiciable aux autres, et que tous ont intérêt à ce que la société repose sur les bases inébranlables de l'égalité et de la justice. Un état social qui serait établi contrairement à ces principes porterait en lui des germes de mort et serait fatalement condamné à périr au milieu d'effroyables convulsions et de luttes sanglantes.

De cette égalité de droits et d'intérêts découle naturellement la loi de solidarité que nous avons énoncée au début de cet écrit et dont nous démontrerons plus loin la nécessité.

D'après toutes les constitutions démocratiques, les droits de l'homme social sont : *l'Égalité*, *la liberté*, *la sûreté*, LA PROPRIÉTÉ.

Ces droits sont appelés *naturels*, les constitutions les consacrent, mais elles ne les créent point : les droits de l'homme sont en effet antérieurs et supérieurs à toutes les législations.

Si donc la propriété est *un droit*, ainsi que le reconnaît M. Thiers lui-même, qui s'évertue à le prouver, peine assurément bien inutile*, il s'agit de déterminer les moyens de rendre chacun propriétaire.

Nous y voilà, vont s'écrier les charlatans de la famille et de la propriété; vous voulez dépouiller ceux qui possèdent pour enrichir ceux qui ne possèdent pas.

Erreur, erreur profonde, calomnie!

Le socialisme ne veut dépouiller personne et il inscrit en tête de sa constitution :

TOUTES LES PROPRIÉTÉS SONT INVIOLABLES.

Dépouiller ceux qui possèdent!... Qu'on me fasse voir dans le socialisme moderne une phrase, une ligne, un mot qui légitime une telle interprétation! Mais est-ce qu'un gouvernement qui accuserait une pareille folie pourrait exister un seul jour? Est-ce que la conscience publique ne se soulèverait pas spontanément pour en faire justice? Est-ce que les cerveaux malades qui auraient conçu une semblable aberration ne seraient pas aussitôt mis en traitement à Charenton ou à Bicêtre, et le ridicule plutôt que l'indignation ne serait-il pas le prix d'une telle billevesée? Est-ce que, comme fait général, la

* *De la Propriété*, chapitre II, pages 15 et suivantes.

spoliation n'est pas matériellement impossible?.... Voyons, qu'on me réponde, il ne manque pas dans le camp de la réaction de paladins armés de pied en cap pour la défense de la propriété et de la famille, de véritables pourfendeurs de socialistes, voyons, qu'ils entrent en lice, je les attends!...

Dépouiller ceux qui possèdent, en admettant la possibilité du fait, serait un moyen vulgaire, grossier, brutal, peu scientifique assurément ; et cependant le socialisme a la prétention de constituer une science, et une science éminemment synthétique.

Dépouiller ceux qui possèdent, ce serait seulement déplacer la misère, et le socialisme a tout à la fois la prétention et les moyens de la détruire.

Voilà pourtant par quels grossiers mensonges on effraie les populations! Dans l'impuissance de les combattre, on représente comme spoliatrices des doctrines qui ne tendent à rien moins qu'à réaliser l'idéal de la justice et de la fraternité.

La propriété veut et doit être respectée ; toutes les écoles sont d'accord sur ce point. On a attaqué vigoureusement parfois, je l'avoue, dans des écrits socialistes les abus de la propriété, afin de démontrer la nécessité de la constituer désormais sur des bases nouvelles; on l'a attaquée en tant qu'elle constitue un privilége au profit de quelques-uns, afin de la convertir en droit pour tous; mais il n'est pas une seule école socialiste qui veuille procéder par voie de dépossession. Je tiens pour un ignorant ou un calomniateur quiconque prétendrait le contraire.

Proclamons donc hautement que le socialisme, loin d'être la négation de la propriété, en est au contraire l'affirmation positive et formelle. Ce qu'il veut, c'est la généraliser, la rendre accessible à tous par le travail.

Donc, voilà qui est bien entendu, et répétons-le encore afin que nul n'en doute, au frontispice de la Constitution nouvelle seront inscrits en gros caractères ces mots :

TOUTES LES PROPRIÉTÉS SONT INVIOLABLES.

CHAPITRE IV

Sans propriété, point de liberté. — L'individualisme; son origine, ses formules.

L'examen auquel nous nous livrerons ultérieurement des diverses écoles socialistes mettra en relief cette incontestable vérité qu'aucune d'elles ne veut procéder par voie de dépossession, ni par voie de partage.

Un publiciste célèbre a dit, pour signaler d'un mot les abus de la propriété : *La propriété, c'est le vol !* Il aurait, selon moi, mieux fait de dire : *La propriété, c'est la liberté.*

Un homme qui ne dépend que de son travail et que le travail mène à la propriété est un homme libre ; les influences n'ont aucun accès sur lui, il ne relève que de sa conscience et de sa raison.

La misère est la plus hideuse et la plus terrible de toutes les tyrannies. Qui oserait affirmer que l'homme en peine de son vêtement, de son gîte et de sa nourriture est un homme libre ; libre de quoi ? si ce n'est de mourir de faim !... Je me trompe, il lui reste le droit à l'assistance, prime d'encouragement donnée à la fainéantise, et qui constitue une perte sèche pour la société, car elle substitue l'aumône qui humilie et dégrade au travail qui moralise et féconde.

N'est-ce pas par l'exercice des professions libérales et industrielles que l'homme s'est émancipé, qu'il s'est affranchi de la tutelle des gouvernements ? Voyez ce fameux *tiers-état* qui a détruit de fond en comble l'édifice féodal et déraciné une monarchie de quatorze siècles. De qui se composait-il, si ce n'est des citoyens que la propriété avait rendus indépendants ? N'étaient-ils pas les descendants de ces *bourgeois* qui, dans les luttes du moyen âge, avaient porté de si rudes coups à la féodalité et à la royauté elle-même ? ne procédaient-ils pas en ligne directe de ces parlementaires qui arrêtaient les usurpations royales par le refus d'enregistrer les édits ? N'est-ce pas enfin la bourgeoisie qui a conquis par les communes la jouissance des droits civils, par les États-Généraux e pouvoir politique, par les maîtrises et les jurandes la souveraineté industrielle.

Oui, disons-le hautement, la bourgeoisie a fait de grandes choses ; mais après 1789, elle s'est malheureusement arrêtée ; elle a cru que tout était fini, parce qu'elle avait substitué son pouvoir à celui de la noblesse, et a oublié que derrière elle se trouvaient des millions de prolétaires qui l'avaient aidée et soutenue dans ses luttes, et que ce n'était rien pour eux d'avoir conquis l'égalité civile et politique, tant qu'il leur restait à conquérir l'égalité devant le travail.

A chaque époque son problème ; dans les temps anciens, c'était la liberté de la personne ; au moyen âge et au XVIe siècle, la liberté de conscience ; en 1789, l'égalité civile et politique ; aujourd'hui, c'est l'égalité devant le travail.

L'égalité devant le travail... dernier terme de la civilisation ; complément indispensable, corollaire obligé de la formule républicaine, au delà duquel il n'y a plus rien comme principe, comme formule. L'humanité a désormais la conscience pleine et entière de ses droits ; il ne reste plus qu'à expérimenter et à perfectionner.

Oui, l'égalité devant le travail, c'est-à-dire droit au travail pour tous, le plus grand, le premier de tous les droits que l'homme apporte en naissant et que nulle puissance humaine ne peut contester, car c'est Dieu, Dieu lui-même qui en le créant lui a donné le droit de vivre. Comment donc se fait-il que ce droit, le premier, le plus important de tous, soit le dernier à conquérir? C'est que le progrès, dans l'ordre spéculatif, ne cesse de procéder méthodiquement. L'idée simple apparaît d'abord à l'esprit ; elle lui sert tout à la fois de point d'appui et de jalon pour s'acheminer vers une idée complexe. Il en est ainsi pour toutes choses ; l'esprit procède toujours du simple au composé. Le droit au travail est le résumé de tous les autres droits ; il les présuppose, les explique, il en est la sanction; dès-lors, il ne pouvait les précéder. D'ailleurs, à aucune époque, le besoin de vivre ne s'était aussi généralement, aussi impérieusement fait sentir que de nos jours. Dans les temps anciens, le maître nourrissait l'esclave ; au moyen âge, la terre nourrissait le serf, et pour le surplus le principe religieux de l'aumône y pourvoyait. L'industrie était dans l'enfance, et les désordres qu'elle a produits depuis ne pouvaient guère être soupçonnés. Et puis le catholicisme, qui était alors tout-puissant, n'avait-il pas persuadé à l'homme qu'il était né pour souffrir?... Doctrine impie et sacrilége qui légitime tous les maux, tous les despotismes, négation audacieuse de la loi du progrès, et contre laquelle les découvertes de la science, qui ne cessent d'améliorer la condition de l'homme, viennent en foule protester aujourd'hui.

La liberté du commerce et de l'industrie, une des plus précieuses conquêtes de la Révolution et pour laquelle un grand esprit, un homme de bien, Turgot, avait vaillamment combattu, a eu pour effet inévitable de favoriser exclusivement ceux qui étaient en possession des instruments de travail, c'est-à-dire du capital. Quelques-uns de ceux qui en étaient dépourvus ont bien pu, à force d'économies et de privations, ou favorisés par d'heureuses circonstances, arriver à la propriété ; mais le plus grand nombre est resté en chemin. Ce résultat devait infailliblement se produire du moment où l'on avait proclamé la *liberté du travail*, sans proclamer en même temps *le droit au travail*.

Cet état de choses a puissamment contribué à favoriser l'individualisme. La crainte assurément bien légitime, inspirée à chaque capitaliste, de perdre l'instrument si précieux du travail sans lequel il ne pouvait rien, a entretenu, exalté même ce sentiment ; aussi, sur les ruines du principe d'autorité une école s'est formée, qui a ses philosophes, ses historiens, ses économistes ; c'est l'école de l'individualisme. Elle a pénétré partout, dans les lettres, dans les sciences, dans les arts, dans l'industrie. Depuis longtemps elle est la base et la clef de voûte de l'édifice social. C'est cette école qui a été si florissante sous le règne de son digne chef, Louis-Philippe, qui la personnifiait à merveille. La révolution de Février l'a frappée au cœur, elle vit encore, mais elle se débat dans les convulsions de son agonie. Ne lui demandez pas de l'élévation dans les idées, des sentiments généreux, de l'amour pour la patrie et pour l'humanité. Toutes ces choses lui sont inconnues. Elle a pour dogme son principe, l'individualisme ; pour culte, le veau d'or ; pour morale, l'amour exclusif de soi-même, et pour enseigne, un pot au feu. Elle est convaincue qu'elle n'a que des droits à exercer et pas de devoirs à remplir ; aussi est-elle sceptique en toute chose, même en matière de religion, ce qui ne l'empêche pas de restaurer le pape et d'aller à confesse. Elle nie, comme fait général, la profonde misère du peuple ; à ses yeux, la misère n'est qu'un simple accident ; pour elle, l'anarchie industrielle qui fait tant de victimes est un *spectacle amusant*, (le mot est de M. Thiers). En philosophie, cette école se traduit par le rationalisme. Ses maximes en politique sont : *Chacun pour soi, chacun chez soi* ; en industrie : *laissez faire, laissez passer*.

Les lignes suivantes, empruntées à un économiste anglais, le docteur Malthus, un des siens, la feront encore mieux connaître :

« Un homme qui naît dans un monde déjà occupé, « dit Malthus, si sa famille n'a pas le moyen de le « nourrir, ou si la société n'a pas besoin de son tra-« vail, cet homme, dis-je, n'a pas le moindre droit à « réclamer une portion de nourriture ; il est réelle-« ment de trop sur la terre. Au grand banquet de la « nature il n'y a point de couvert mis pour lui ; la « nature lui commande de s'en aller et ne tardera « pas à mettre elle-même cet ordre à exécution. »

Il n'est pas besoin de commentaires !

Aujourd'hui, il y a progrès ; les disciples de Malthus admettent le droit à l'aumône. Malthus, ainsi que l'a dit Émile de Girardin, s'est déguisé en saint Vincent de Paul.

Ce n'est pas avec de tels principes qu'on peut résoudre le problème social. Cette grande et glorieuse tâche ne pouvait appartenir qu'à l'école des devoirs, qui a inscrit sur son drapeau le mot SOLIDARITÉ.

L'individualisme a produit, Dieu merci, assez de ravages, il a fait son temps; celui de la solidarité humaine ou de la fraternité commence.

CHAPITRE V

Que doit-on entendre par solidarité humaine. — Statistique de la misère.

Mais, nous dira-t-on, cette loi de solidarité comment la justifiez-vous? Et d'abord, qu'est-ce que cette solidarité que vous voulez substituer à l'individualisme? Est-ce que, à toutes les époques, le sentiment personnel, *le moi*, ne prévaudra pas sur le sentiment de la fraternité? l'amour de soi-même ne l'emportera-t-il pas toujours sur l'amour pour autrui? Vous poursuivez une chimère, mon cher; les hommes sont et seront toujours égoïstes, il n'en peut être autrement; la nature humaine est ainsi faite, vous perdez votre temps à vouloir la modifier. Laissez les choses aller leur train; ne vous heurtez pas contre les sentiments qui ont de profondes racines dans le cœur de l'homme, ils vous briseraient ; restez tranquille, et laissez-nous en paix.

Combien n'en est-il pas qui ont tenu, qui tiennent tous les jours ce langage? Il semble que lorsqu'on a ainsi parlé on ait tout dit et qu'il n'y ait pas à répondre; nous allons voir.

D'abord, qu'est-ce que la solidarité? J'entends par là une garantie réciproque contre les risques sociaux, notamment une assurance mutuelle contre la misère.

Pourquoi les hommes vivent-ils en société, si ce n'est pour se protéger et s'entr'aider mutuellement? Ne voyons-nous pas tous les jours des assurances mutuelles contre la grêle, l'incendie, la mortalité des bestiaux, les chances du tirage au sort, fonctionner à la satisfaction de tous et à l'aide desquelles, moyennant une faible prime, les citoyens qui y concourent se garantissent contre les risques de la mortalité, de l'incendie, de la grêle, du tirage au sort? Et l'on se refuserait à admettre le principe d'une assurance mutuelle contre le plus terrible de tous les fléaux, la misère !

Qui pourrait se croire à l'abri de cette infirmité sociale? Est-ce le riche? Hélas! N'avons-nous pas vu les fortunes que l'on croyait les plus solides englouties en un jour! Est-ce que par des faits indépendants de la volonté humaine tel privilégié de la fortune hier, ne s'est pas trouvé pauvre et dénué le lendemain? Qui oserait affirmer que celui qui se pavane en ce moment dans des salons dorés ne couchera pas avant peu dans une mansarde, trop heureux encore d'y pouvoir reposer sa tête. Voyez-vous ce dandy aux manières élégantes, si fier, si dédaigneux dans son opulence; voyez-vous ce banquier repu, cet industriel si plein de lui-même, les uns et les autres entourés de tout le comfort que l'industrie moderne se plaît à inventer pour eux? Quel air protecteur envers les pauvres gens! On dirait une autre espèce d'hommes! Entrés dans la vie par une porte dorée, ces privilégiés de la fortune et du hasard n'ont eu que la peine de naître : les tortures du besoin, les anxiétés de la faim leur sont inconnues; pour eux, les étés n'ont point de feux, les hivers point de frimas; ils ne connaissent de la vie que les joies, lorsque tant d'autres, leurs semblables, leurs frères, n'en connaissent que les douleurs. Les voyez-vous, arrogants et superbes, enrichis le plus souvent par l'agio et l'usure, éclabousser l'honnête homme qui meurt de faim! Ont-ils jamais soupçonné ce qu'il y avait de tortures poignantes dans ce souci perpétuel du lendemain, qui, avant l'âge, blanchit les cheveux, ride le front et glace la pensée? Non, jamais! Mais vienne un revers de fortune, et vous les verrez à leur tour lutter contre le besoin pour conquérir la vie; le crédit, ils l'ont perdu, comme leurs amis, avec l'opulence. Alors ils n'auront pas assez d'anathèmes contre une société qu'ils trouvaient parfaite et la misère les aura transformés de malthusiens en socialistes.

La misère est de nos jours le motif de plus de conversions qu'on ne pense !

Eh bien, qu'on nous dise maintenant si la loi de solidarité n'est pas légitime, nécessaire, indispensable afin de procurer et de garantir à tous le bien-être et la sécurité.

Nous venons de nous occuper des heureux de ce monde et d'esquisser rapidement l'intérêt réel qu'ils avaient à adopter dans toutes ses conséquences le principe de la solidarité humaine, point de départ de toutes les écoles socialistes et qui constitue une immense solution de continuité entre le monde ancien et le monde nouveau ; mais de quelle nécessité absolue ce principe ne sera-t-il pas pour les déshérités de notre époque !

S'est-on bien rendu compte de la misère publique ? Tel qui prétend qu'il n'y a rien à faire a-t-il sondé les abîmes de cet océan de douleurs et de calamités ? Il est permis d'en douter.

Laissons parler les statistiques elles seront plus éloquentes que toutes les paroles.

La population de la France était, en 1835, de 33,319,000 habitants.

Nous diviserons cette population en cinq catégories, afin d'avoir l'état au vrai de toutes les classes de la société.

1re *catégorie :* dénûment, misère, pauvreté. 2e *catégorie :* pauvreté mitigée. 3e *catégorie :* état de gêne et demi-aisance. 4e *catégorie :* aisance. 5e *catégorie :* richesse (bien-être réel, comfort, luxe).

Cette population doit être ainsi répartie :

	habitants.
1° Dénûment, misère, pauvreté. .	22,619,000
2° Pauvreté mitigée.	3,750,000
3° Gêne, demi-aisance.	6,180,000
4° Aisance..	513,000
5° Richesse.	257,000
Chiffre égal.	33,319,000

Cette statistique basée sur des *documents officiels* est de tout point irréfutable; nous l'avons empruntée à l'excellent ouvrage de M. Perreymond, intitulé le BILAN DE LA FRANCE, *ou la misère et le travail*. On n'a qu'à le consulter et on y trouvera les preuves à l'appui.

Ainsi donc, sur une population de 33 millions d'habitants, 22 millions et demi de pauvres, de misérables; 3 millions et demi d'à peu près pauvres; 6 millions dans un état de gêne ou de demi-aisance; 513,000 aisés et 257,000 riches.

N'est-ce pas qu'une pareille société mérite bien l'épithète *d'admirable*, qu'un ancien ministre de la monarchie et de la République * lui a décernée du haut de la tribune de l'Assemblée nationale?

Et l'on s'étonnera qu'il y ait des socialistes, c'est-à-dire des hommes qui veulent porter la hache révolutionnaire sur ce vieil édifice, vrai coupe-gorge social!

* M. Dufaure.

Et l'on s'étonnera qu'un homme de bien, dans un moment de vertueuse indignation, ait fait contre cette société maudite le serment d'Annibal !

Pour moi, je ne suis étonné que d'une chose, c'est qu'elle ait pu durer si longtemps.

Si, en présence de cette statistique, basée, je le répète, sur des documents officiels, il se trouvait quelqu'un qui osât nier la profonde misère du peuple, je le déclare un être dépourvu d'intelligence ou de sensibilité, je lui refuse le nom d'homme.

Mais comment nier ces chiffres, lorsque nous voyons les malthusiens eux-mêmes admettre aujourd'hui le droit à l'assistance. Ce fait seul ne porte-t-il pas témoignage en faveur de la déplorable situation que nous avons constatée ?

Pourquoi, s'il n'en est pas ainsi, mettre en quelque sorte sous le scellé l'enquête qui vient d'être terminée sur l'état des travailleurs en France? N'est-ce pas avouer qu'on est effrayé des résultats qu'elle constate et reconnaître le fondement, la légitimité de nos griefs ?

Pourquoi, je le demande, ce courant général d'idées qui porte instinctivement tous les esprits vers le problème social, s'il n'y avait rien à faire?

Ce serait une étrange erreur de croire que le socialisme a été imaginé par un pur caprice de quelques esprits amoureux de la nouveauté ou qu'un vain désir de célébrité tourmente. Il n'est donné à personne de faire naître des questions de cette nature, elles se posent d'elles-mêmes. Le socialisme est né de la misère; qu'on la détruise et il n'aura plus sa raison d'être.

Nous rechercherons dans le cours de ce travail les causes de la misère. Anatomiste sévère, nous porterons résolument le scalpel dans les plaies sociales; nous dirons pourquoi ceux qui produisent toutes les richesses sociales restent pauvres, et pourquoi aussi ceux qui ne produisent rien s'enrichissent.

Le moment est venu de donner un aperçu de diverses écoles socialistes. Nous allons commencer par celle qui n'a soulevé et ne soulève chaque jour tant de tempêtes que parce qu'elle n'a cessé d'être méconnue et calomniée; nous voulons parler du communisme.

CHAPITRE VI

Le communisme.

Qu'est-ce que le communisme? Est-ce, comme on l'a dit si souvent, comme on le répète tous les jours, le partage des terres? Non ; c'est précisément tout le contraire. Le communisme, ainsi que le mot l'indique, n'est autre chose que la mise en commun *purement facultative*, c'est-à-dire *libre* et *volontaire*, de la propriété individuelle et de tous les éléments de la production pour les revenus et les bénéfices en être répartis selon les besoins de chacun.

Le communisme a été importé en France par Cabet à son retour d'Angleterre. L'idée de ce communisme appartient à un manufacturier anglais, Robert Owen, un homme de bien qui lui-même s'était inspiré de l'utopie du lord chancelier d'Henri VIII, le vertueux Thomas Morus. Owen, profondément attristé de la misère et de la démoralisation des travailleurs dans les manufactures de l'Angleterre, des déperditions du morcellement, des luttes et des ruines de la concurrence, avait conçu la généreuse pensée de porter remède à cette déplorable situation. Voici quelle était sa donnée fondamentale : l'individu était, selon lui, le résultat de son éducation et de son naturel, et nul ne pouvait se vanter d'en être l'auteur ; il en concluait que personne n'avait de mérite propre ; dès lors il supprimait le droit personnel de propriété, la part et la fortune spéciale de l'individu. Ses communautés devaient produire l'abondance et le bien-être ; l'éducation devait leur inspirer la bienveillance universelle et rendre tous ses membres bons, honnêtes et laborieux.

C'est cette idée communiste, beaucoup plus sentimentale que scientifique, que Cabet, pour nous servir de l'heureuse expression de Considerant, a habillée à la française, en la rendant plus critique, plus passionnée, en la reliant au principe démocratique et politique de la révolution française ; aussi fait-il une plus grande part qu'Owen à la centralisation du pouvoir et de l'État, et cela se conçoit sans peine; jusqu'à ce jour l'État a été parmi nous omnipotent, tandis que l'Angleterre est au contraire le pays de l'initiative individuelle par excellence.

Ce communisme est comme celui d'Owen *purement facultatif;* il ne s'impose pas, il ne s'adresse qu'à la libre volonté de l'individu, il demande tout à la raison de l'homme et rien à la violence, il se réserve bien de se régler lui-même d'après la loi, mais ne veut en aucune façon s'imposer aux autres.

En réalité, il y a dans ce communisme beaucoup plus de sentiment que d'invention et de science économique; il ne paraît même pas soupçonner les difficultés de l'organisation du travail collectif. Ses principes consistent dans l'abandon volontaire de la propriété individuelle, et la répartition suivant les besoins de chacun; il ne propose pas ou presque pas de moyens pratiques, ou pour mieux dire ses principes et ses moyens se confondent. Le sentiment de la fraternité domine dans cette école qui s'inspire de Platon, Campanella, Thomas Morus, Fénelon, et surtout des doctrines du christianisme.

Ce communisme est éminemment pacifique et n'a aucune analogie avec les doctrines de Babeuf qui substituait à la libre volonté de l'homme le despotisme de la loi pour faire passer dans le domaine de l'État toutes les propriétés individuelles.

Ce communisme violent, subversif, âpre et sombre comme l'époque qui le vit naître, a disparu avec Babeuf. Le communisme icarien de Cabet, le seul répandu en France*, est, nous le répétons, éminemment facultatif, pacifique et moral.

Tel est en substance le communisme de Cabet.

Owen et après lui Cabet ont cru qu'il suffisait pour résoudre le problème social de substituer l'association à l'individualisme; à l'individualisme ils ont opposé le principe contraire, qu'ils ont poussé jusqu'à ses dernières limites en supprimant, — sans doute avec le consentement de l'individu, — la propriété individuelle. C'est là leur erreur, leur erreur profonde. Cette doctrine est de nature à séduire les hommes qui ne possèdent pas, mais on comprend qu'elle ait peu d'attraits pour ceux qui possèdent. Pendant longtemps encore le *tien* et le *mien* joueront un grand rôle dans les relations humaines. Ce sentiment de la propriété personnelle est inhérent à la nature de l'homme. Contenu dans de justes limites, rendu moins exclusif par l'adoption d'un garantisme réciproque, d'une mutualité bien entendue, il est de nature à devenir le mobile d'une haute moralité dans les rapports sociaux. Par la mutualité, le *tien* et le *mien* cessent d'être hostiles l'un à l'autre; au lieu de chercher à s'envahir et à s'entre-détruire, ils s'harmonisent et se prêtent un mutuel appui.

Quant à la répartition des produits suivant les

* Le communisme de Cabet est le seul qui a fait école parmi nous. Voilà pourquoi nous passerons sous silence le communisme de M. Buchez et certaines variétés du communisme allemand.

besoins, qui sera juge de cette question délicate? Sera-ce l'individu? sera-ce la communauté ou ses administrateurs? Dans les deux cas, à moins d'un accord bien rare à rencontrer, cette répartition sera nécessairement arbitraire.

On a justement reproché au communisme d'absorber l'individualité humaine. L'individualité humaine ne saurait au contraire être trop exaltée, car elle est la source des plus grandes choses. On doit s'attacher sans cesse à l'élever à sa plus haute puissance, afin de rendre l'homme indépendant et fort, invulnérable au despotisme. La liberté ne sera réellement fondée en France que lorsque chacun aura le sentiment de sa valeur et de sa dignité personnelle et que le plus humble, ne comptant que sur lui-même, s'estimera l'égal des plus puissants.

Je ne nie pas que l'association ne soit un puissant moyen d'augmenter la richesse sociale; de nos jours même les grandes entreprises ne peuvent s'exécuter que par l'association. On peut appeler ainsi tout travail qui exige la réunion d'un certain nombre d'individus. Seulement les conditions de cette espèce d'association sont mauvaises ; la part du capital est trop forte et celle du travail ne l'est pas assez. Il s'agit donc de modifier les rapports de ces deux éléments. L'association, on ne peut le nier, amène une économie considérable dans les frais de production et aussi dans la consommation alimentaire ; elle sera dans l'avenir un puissant auxiliaire pour fonder le bien-être et la moralité ; mais qu'on ne s'y trompe pas, ce n'est là qu'un moyen secondaire; le moyen principal consiste à *fournir à chacun l'instrument du travail.*

Depuis la révolution de Février, il s'est formé à Paris de nombreuses associations; mais la plupart ne prospèrent pas, parce qu'il leur manque la chose essentielle, le levier de toute opération commerciale ou industrielle : le CRÉDIT.

Une fois en possession de l'instrument du travail, l'homme exercera son industrie, soit individuellement, soit collectivement; si son intérêt lui commande de fonder une association ou d'entrer dans une association déjà formée, on peut être assuré qu'il ne négligera pas de recourir à ce moyen; mais avant tout il faut respecter sa liberté, et elle ne le serait pas si on donnait aux associations seulement l'instrument du travail.

Dans l'ordre logique des idées, le communisme devait nécessairement se produire comme l'antithèse de l'individualisme. A l'excès d'un principe, il était naturel d'opposer le principe contraire; mais dans l'un ni dans l'autre n'est la vérité.

L'étude de l'histoire et de la philosophie, l'observation indépendante des faits nous ont amené à reconnaître que toutes les idées, quelque étranges qu'elles fussent, avaient leur raison d'être, sinon leur légitimité. Toute création est nécessairement précédée d'un chaos; l'homme n'arrive à la vérité qu'après avoir traversé l'erreur; telle est la loi du progrès. Il ne faut donc pas s'étonner des nombreuses erreurs que renferment les diverses écoles socialistes, des excentricités que parfois on y rencontre; il s'agit de sarcler les mauvaises herbes, de séparer le bon grain de l'ivraie; telle doit être l'œuvre incessante de la démocratie, surtout dans le court espace qui nous sépare de 1852.

CHAPITRE VII

Le saint-simonisme.

Nous ne parlerons du saint-simonisme que pour mémoire. Cette école n'a plus aujourd'hui qu'une importance historique. Elle s'est fondue au soleil dissolvant du dernier règne, et, sauf quelques hommes de foi qui ont persévéré dans leur croyance, probablement amendée sur quelques points, tout le reste s'est casé, qui au collége de France, qui dans les hauts grades de l'armée, qui dans la magistrature, qui au conseil d'État, qui dans les préfectures; la préfecture de police elle-même n'a pas été dédaignée par ces transfuges du socialisme devenus, par la grâce de Dieu et du budget, les plus fougueux défenseurs de la propriété et de la famille. Le budget a définitivement triomphé de l'énergie des convictions. Heureux budget ! que de triomphes de cette nature ne te doit-on pas !

De retour d'Amérique où, jeune encore, il était allé porter à la cause de l'indépendance le secours de son bras, Saint-Simon, après s'être livré à de grandes opérations industrielles, conçut l'idée de réorganiser les sciences et de reconstituer l'édifice féodal. Il avait dit : « L'ordre ancien était constitué par et pour la « guerre, l'ordre nouveau doit être constitué par le « travail et pour le travail. » A la suite de nombreux voyages, et après s'être livré à une foule d'expériences plus coûteuses les unes que les autres, il se trouva un jour dans le dénûment le plus absolu et résolut de se suicider, ce qu'il tenta en effet, mais sans succès, en 1823. Cette tentative, qui lui coûta un œil, le fit renoncer au suicide.

Saint-Simon avait réuni autour de lui quelques hommes jeunes, vigoureux, intelligents, qui partageaient ses doctrines; mais ce ne fut qu'après sa mort arrivée en 1825 qu'il se forma une école à laquelle on a donné son nom.

Cette école ayant disparu, il devient inutile d'insister à son égard. Nous dirons seulement qu'elle tendait essentiellement à réhabiliter le principe d'autorité ou de gouvernement, et à centraliser l'action politique et sociale entre les mains de l'État ; elle repoussait le principe de l'élection, niait le droit d'hérédité et faisait de l'État le propriétaire général des terres et de l'industrie, divisait les citoyens, devenus tous fonctionnaires publics, en artistes, savants et industriels, et classait chacun selon son mérite personnel. Sa formule de répartition était : *à chacun selon sa capacité, à chaque capacité suivant ses œuvres*; elle prétendait arriver à ses fins par l'exaltation religieuse, le dévouement et l'amour.

Telles étaient en substance les doctrines économiques, les formules et les moyens de cette école; nous ne parlerons pas de sa morale qui n'a rien à faire ici.

Pas plus que le communisme, cette école ne prétendait imposer ses doctrines par la violence; elle ne demandait rien qu'à la libre volonté de l'homme.

On ne peut nier que cette école, tout en émettant beaucoup d'erreurs, n'ait préparé le terrain au socialisme par les remarquables travaux qu'elle a publiés sur l'économie politique, l'histoire et la philosophie. La plupart des hommes qui la composaient avaient assurément une grande valeur intellectuelle, et témoignaient d'un ardent amour pour l'humanité. Cette école a porté les derniers coups au privilége de la naissance et puissamment contribué à réhabiliter le travail manuel.

Mais, comme toutes les théories qui reposent sur un principe faux, le saint-simonisme devait périr. Son principe, qui fut sa principale erreur, reposait sur l'idée de l'autorité, c'est-à-dire du pouvoir par en haut, du pouvoir qui s'impose, ce qui n'est autre chose que la négation formelle, absolue, de la souveraineté populaire ou de la démocratie.

CHAPITRE VIII

Système phalanstérien.

Vers la fin du dernier siècle, alors que les esprits étaient encore fortement agités par les luttes terribles et gigantesques de la Révolution, un homme aux mœurs simples, d'un caractère bienveillant et facile, qui vécut et mourut pauvre, Charles Fourier, s'essayait à poser les bases d'un nouvel ordre social.

Sous le titre de *Comptoirs communaux et de banques rurales*, Fourier décrivait la théorie de la réforme commerciale. Selon lui le marchand n'était qu'un intermédiaire entre le producteur et le consommateur. Les produits n'arrivant à ce dernier que surchargés d'une foule d'intermédiaires, et souvent même dénaturés ou falsifiés, Fourier résolut de remédier à cet état de choses par la mise en rapport directe du producteur et du consommateur, au moyen d'*agences communales intermédiaires*, dépositaires et non propriétaires des produits. Ces agences devaient livrer les produits aux consommateurs surchargés seulement des frais de transport, d'entretien et d'administration. Cette institution devait avoir pour résultats le bon marché des produits, la suppression des faillites et banqueroutes, des falsifications et des fraudes de tout genre, la réduction considérable des agents intermédiaires, véritables parasites commerciaux, qui n'augmentent pas d'un centime la richesse sociale, et qui seraient dès lors forcément rejetés dans les travaux utiles ou productifs.

Une fois en possession du principe de la distribution des produits, Fourier fut amené naturellement à reconnaître que le problème qu'il venait de résoudre avait sa base dans la *commune*. L'association des intérêts commerciaux de la commune lui ayant donné la clef du problème de la distribution, il se demanda si l'association de ses éléments domestiques, agricoles et industriels, ne lui donnerait pas également la solution du problème de la production et de la consommation? Dès lors il crut avoir posé la question sur sa véritable base et s'occupa d'organiser la commune en vue de la production et de la consommation.

Cependant une objection sérieuse qu'il considéra longtemps comme un obstacle insurmontable, se présenta à son esprit ; l'essor divergent et incompressible des passions humaines n'était-il pas de nature à empêcher la commune associée de fonctionner? Cette objection revenait sans cesse à son esprit et le préoccupait si fort que tout autre que Fourier eût été infailliblement arrêté dans sa marche ; mais lui, avec cette concentration, cette puissance de déduction qui constituent un des caractères les plus remarquables de son génie, reprend son problème, et, poussé par une logique irrésistible, s'occupe de poser les bases de l'association communale. Il suppose que, conformément aux lois qui régissent les associations en matière civile et commerciale, les habitants d'une commune ont mis en association terres, bestiaux, instruments de travail de toutes sortes pour exploiter le domaine de la commune comme le domaine d'un seul homme; alors il s'occupe de rechercher les lois naturelles qui doivent régir la masse associée dans l'intérêt commun.

Lorsqu'il eut séparé les fonctions, établi des catégories, divisé les travaux, organisé toutes les branches de l'agriculture, de l'industrie, les ateliers, la comptabilité, le commerce extérieur, l'éducation, etc., il reconnut, et grands furent sa surprise et son enthousiasme, que les passions humaines, qu'il avait pendant si longtemps considérées comme un obstacle insurmontable, étaient dans l'association d'admirables ressorts d'harmonie; il reconnut que l'homme avait été créé, non pour l'état morcelé, mais pour l'association; que la divergence des caractères, des facultés et des passions, causes de trouble et de désordre dans l'isolement, devenaient dans l'association de puissants moyens d'ordre et d'émulation; que, convergeant vers un but utile, ces grands ressorts de l'activité humaine se confondaient, se prêtaient un mutuel appui dans la réalisation de l'œuvre commune; alors il se reprocha amèrement d'avoir douté de la nature humaine, de ses passions, de Dieu lui-même, puisqu'il en est l'auteur, et, dominé par un sentiment d'exaltation sublime, il poussa d'enthousiasme ce cri que ses disciples ont gravé sur son tombeau : *Les attractions sont proportionnelles aux destinées !*

Le libre essor des passions humaines ! tel est le pivot sur lequel tourne le système de Fourier.

Fourier nomme *passions* tout ce qui porte l'homme à agir sous les mobiles qui sont en lui.

L'être humain est composé de trois principes :

1° Les passions, principe actif et moteur ;

2° Le corps, principe passif et nu ;

3° L'intelligence, principe neutre et régulateur.

Ainsi le corps se meut, conformément aux règles de l'intelligence, pour obéir à une volonté qui ne peut naître que de désirs ou de passions.

Dans son analyse des passions, Fourier ne comprend pas ces habitudes vicieuses auxquelles on a donné le nom de passions, mais qui ne sont que des effets subversifs des passions.

Le Créateur s'étant attaché à mettre le plaisir dans la satisfaction des besoins, soit qu'il s'agisse, par exemple, de *nutrition* ou de *reproduction*, Fourier ne peut admettre qu'il ait dérogé à une loi si sage quand il s'agit du travail à l'aide duquel l'homme assure la conservation de son espèce et pourvoit à son entretien ; de là la théorie du *travail attrayant*.

L'homme, ayant une nature essentiellement intelligente, n'est pas fait pour les travaux pénibles et répugnants. Ces travaux sont l'œuvre des machines. Des expériences faites récemment en Angleterre pour l'application de la vapeur aux travaux de l'agriculture, expériences qui ont été couronnées d'un plein succès, semblent confirmer sur ce point la théorie de Fourier.

L'attraction universelle, telle est d'après Fourier la loi de la destinée humaine; l'attraction, c'est l'attrait, la spontanéité, la liberté en toute chose.

Fourier met en jeu l'attraction à l'aide de l'association et de la série.

L'association n'est autre chose que le concours des forces individuelles, libres et volontairement unies pour le travail et la répartition des avantages sociaux proportionnellement aux droits de chacun, c'est-à-dire à son concours dans l'œuvre commune. Tous les éléments de la production sont admis par Fourier dans l'association qu'il formule ainsi : Association *libre et volontaire du capital, du travail et du talent.* Nous verrons plus loin comment, et dans quelles proportions, chacun de ces éléments concourt à la répartition des produits.

Fourier entend par *série* la classification des œuvres de Dieu, des choses et des êtres, la formation, par affinités, des familles, des genres, des espèces, des variétés, c'est-à-dire des séries et des groupes naturels.

La masse associée, obéissant à la loi d'attraction, forme des groupes et des séries; ce sont ces séries et ces groupes que Fourier utilise pour la création du bien-être et du perfectionnement commun.

Le socialisme de Fourier a donc pour objet l'*asso-*

ciation; pour procédé d'organisation, la *série;* pour force motrice, l'*attraction.*

On appelle *phalange* la commune associée; l'édifice somptueux servant d'habitation, construit au centre de la commune, et dans lequel chaque famille peut avoir son appartement séparé et s'y faire servir, si elle le juge à propos, prend le nom de *phalanstère.*

Voici un aperçu de ce que serait, d'après Fourier, une phalange ou commune associée :

Quatre cents familles (seize cents ou dix-huit cents âmes) délibèrent entre elles et adoptent les résolutions suivantes :

1° Une association est formée entre tous les habitants de la commune (riches et pauvres); le capital social est formé des immeubles de tous, et des meubles et capitaux que chacun jugera convenable de mettre dans la société;

2° Chaque associé, en échange de son apport, recevra des actions représentant la valeur exacte de ce qu'il aura livré;

3° Chaque action aura hypothèque sur la partie des immeubles qu'elle représente, et sur la propriété générale de la société;

4° Chaque associé (on est associé même lorsqu'on ne possède ni action ni capitaux) est invité à concourir à l'exploitation du fonds commun par son travail et par son talent;

5° Les femmes et les enfants entrent dans la société au même titre que les hommes;

6° Le bénéfice annuel, les dépenses communes

acquittées, sera distribué aux associés de la manière suivante :

1° Une première part paiera les intérêts des actions ;

2° Une deuxième part sera répartie entre les travailleurs d'après les difficultés de la tâche et le temps consacré à l'œuvre par chacun d'eux ;

3° Une troisième et dernière part sera divisée entre ceux qui se seront distingués dans les travaux par leur intelligence, leur activité, leur vigueur.

Ainsi, dans l'association dont nous venons de relater le projet, chacun, homme, femme ou enfant, peut avoir à toucher trois parts proportionnelles pour son concours à la production, si ce concours s'exerce à l'aide de ces trois facultés productives : *capital, travail et talent.*

Dans la phalange, les individus forment des groupes, les groupes des séries ; l'ensemble des séries constitue la phalange ou commune associée.

La nomination aux grades et emplois se fait par l'élection ; les groupes nomment leurs chefs ; les chefs de groupes nomment les chefs des séries ; les chefs des séries les plus élevées nomment les chefs ou gérants de la phalange. Les bénéfices pécuniaires sont répartis par le même procédé.

Les travaux sont courts et variés à l'infini, afin qu'ils ne cessent pas d'être attrayants. Un plaisir trop prolongé dévient une fatigue, un ennui ; il en est de même pour un travail quel qu'il soit, fût-il exercé avec une grande passion. L'homme éprouve le besoin de varier ses occupations; cela est d'ailleurs nécessaire à sa santé. Dans le phalanstère, il peut, sans préjudice pour lui-même, exercer tour à tour ses facultés physiques, morales et intellectuelles, vivre, en un mot, sous le triple aspect qui constitue son être.

La phalange contient un système complet d'éducation théorique et professionnelle; l'éclosion des facultés, le développement des aptitudes y sont traités avec un soin particulier.

Les arts agréables, la musique, la danse, les représentations scéniques, ont une large part dans le phalanstère, où l'on s'attache à utiliser toutes les aptitudes.

L'œuvre de Fourier est déduite, on ne peut le nier, avec une rigoureuse logique. Il n'est pas un intérêt, si minime, si considérable qu'il soit, qui se trouve lésé par cette savante combinaison d'un esprit vraiment supérieur. Ce socialisme est éminemment facultatif; chacun est libre de concourir ou non à l'association, et même de s'en retirer à tout instant avec son apport. La propriété est parfaitement respectée dans la commune associée, les droits du capital maintenus; la phalange devient la fermière générale : la valeur *seule* des instruments de travail est appropriée.

Loin de nous la prétention de donner ici une analyse complète de la théorie de Fourier; un gros volume n'y suffirait pas. Nous avons voulu seulement donner un aperçu de sa doctrine en faisant connaître le principe sur lequel elle repose, et en mettant en relief les points les plus saillants.

Ce n'était certes pas un penseur vulgaire que celui qui, le premier, a révélé au monde cette grande loi d'attraction universelle appliquée à l'ordre moral, loi que, plus d'un siècle auparavant, un grand penseur aussi avait découverte et appliquée à l'ordre physique : Fourier est venu compléter Newton. Si l'unité est la loi générale, on ne peut nier que la conception de Fourier ne soit le développement nécessaire de celle de son prédécesseur. Si l'une est vraie pour le monde physique, l'autre doit l'être aussi pour le monde moral, ou l'unité est un mensonge et la logique un non-sens.

Ce n'est pas avec le dédain ou le ridicule qu'on peut avoir raison d'une théorie de cette importance. Cette théorie appelle l'examen, la méditation des hommes sérieux, et surtout le procédé décisif de l'expérience.

Oui, c'est à l'expérience qu'il appartient de décider si Fourier n'a été qu'un rêveur audacieux et subtil, ou si dans ses procédés d'organisation il s'est borné à faire l'application d'une loi naturelle.

Quoi qu'il en soit de la théorie de Fourier, et en la supposant vraie, nous n'arriverons pas d'un seul bond au phalanstère ; l'humanité est, sans aucun doute, destinée à vivre longtemps encore dans le morcellement pour lequel tout est d'ailleurs disposé. Toutefois, il est des moyens transitoires devant servir à traverser cette période, et même à en abréger la durée ;

ce sont ces moyens qu'il s'agit de découvrir et d'organiser. Le temps presse, et le péril est grand si on ne se hâte de les adopter ! Simple avis aux adversaires du socialisme.

CHAPITRE IX

Socialisme de Louis Blanc.

Dans l'ordre chronologique, nous devrions parler ici du socialisme de Pierre Leroux ; mais une analyse de ses théories ne serait d'aucune utilité pour le but que nous poursuivons, car c'est du *socialisme pratique, formulé*, que nous nous occupons. Or, Pierre Leroux n'a que des tendances et pas de système ; c'est un pur théoricien vivant sans cesse dans le domaine des abstractions philosophiques et métaphysiques : penseur profond, honnête homme, cœur d'or, voilà Pierre Leroux.

Nul mieux que lui ne sait exprimer en paroles éloquentes les aspirations du socialisme moderne, l'impérieuse nécessité d'un ordre nouveau. Pierre Leroux n'est ni une doctrine ni un système, c'est un sentiment ; aussi le peuple, qui résume, lui aussi, un grand sentiment, l'aime-t-il beaucoup, comme un reflet de lui-même.

Passons à Louis Blanc.

Louis Blanc a écrit en 1839 une brochure sur *l'Organisation du travail*; c'est avec cet opuscule et des travaux historiques d'une valeur incontestable qu'il est arrivé dans les conseils du Gouvernement provisoire où l'a porté le flot populaire. Il a eu l'insigne honneur de poser la question sociale dans la sphère où les événements l'avaient placé et de préciser par là le vrai caractère de la révolution de Février. Par cela même, il devait soulever les colères et les vengeances de la réaction. Aussi ni les unes, ni les autres ne lui ont manqué.

Nous ne pouvons ici nous défendre d'une douloureuse pensée, non à cause de la réaction. En décimant la démocratie, elle poursuit son œuvre, et certes il n'y a là rien qui nous étonne; nous voulons parler des injustices de l'opinion à l'égard de Louis Blanc. Nous sommes loin de nier que ce qu'il y a de trop absolu dans ses idées n'ait été le prétexte et peut-être aussi un peu la cause de la réaction formidable qui a surgi; mais ce que l'on ne devrait pas perdre de vue, à quelque nuance de la démocratie qu'on appartienne, c'est que les travaux de Louis Blanc ont puissamment contribué à mûrir sous le règne de Louis-Philippe l'idée démocratique, et par suite à hâter l'avénement de la révolution. Quelques-uns pensent que son rôle est fini, qu'il a fait son temps, comme on dit vulgairement. Nous croyons, nous, qu'il peut rendre encore d'utiles services à la cause, surtout s'il consent à se renfermer dans les limites du possible.

Voici comment il a formulé son système sous forme de projet de loi, dans la neuvième édition de son livre sur *l'Organisation du travail.*

« Article 1er. Il serait créé un ministère du progrès, dont la mission serait d'accomplir la révolution sociale et d'amener graduellement, pacifiquement, sans secousse, l'abolition du prolétariat.

« Art. 2. Pour cela le ministère du travail serait chargé : 1° de racheter, au moyen de rentes sur l'État, les chemins de fer et les mines ; 2° de transformer la Banque de France en banque d'État ; 3° de centraliser, au grand avantage de tous et au profit de l'État, les assurances ; 4° d'établir, sous la direction de fonctionnaires responsables, de vastes entrepôts où producteurs et manufacturiers seraient admis à déposer leur marchandises et leurs denrées, lesquelles seraient représentées par des récépissés ayant une valeur négociable et pouvant faire office de papier-monnaie, papier-monnaie parfaitement garanti, puisqu'il aurait pour gage une marchandise déterminée et expertisée ; 5° enfin d'ouvrir des bazars correspondant au commerce de détail, de même que les entrepôts correspondraient au commerce en gros.

« Art. 3. Des bénéfices que les chemins de fer, les mines, les assurances, la Banque rapportent aujourd'hui à la spéculation privée, et qui, dans le nouveau système, retourneraient à l'État, joints à ceux qui résulteraient des droits d'entrepôts, le ministère du progrès composerait son budget spécial, le budget des travailleurs.

« Art. 4. L'intérêt et l'amortissement des sommes dues par suite des opérations précédentes seraient prélevés sur le budget des travailleurs; le reste serait employé : 1° à commanditer les associations ouvrières, 2° à fonder des colonies agricoles.

« Art. 5. Pour être appelées à jouir de la commandite de l'État, les associations industrielles ou agricoles devraient être constituées d'après le principe d'une fraternelle solidarité, de manière à pouvoir acquérir, en se développant, un capital COLLECTIF, INALIÉNABLE et TOUJOURS GROSSISSANT; seul moyen d'arriver à tuer l'usure, grande ou petite, et de faire que le capital ne fût plus un élément de tyrannie, la possession des instruments de travail un privilége, le crédit une marchandise, le bien-être une exception, l'oisiveté un droit.

« Art. 6. En conséquence, toute association industrielle ou agricole, voulant jouir de la commandite de l'État, serait tenue d'accepter, comme bases constitutives de son existence, les dispositions qui suivent :

« Après le prélèvement du montant des dépenses consacrées à faire vivre le travailleur, de l'intérêt du capital, des frais d'entretien et de matériel, le bénéfice serait ainsi réparti :

« Un quart pour l'amortissement du capital avancé par l'État;

« Un quart pour l'établissement d'un fonds de secours destiné aux vieillards, aux malades, aux blessés, etc. ;

« Un quart à partager entre les travailleurs à titre de bénéfice ;

« Un quart enfin pour la formation d'un fonds de réserve dont la destination sera indiquée plus bas.

« Ainsi serait constituée l'association dans un atelier.

« Resterait à étendre l'association dans tous les ateliers de même nature, afin de les rendre solidaires l'un de l'autre.

« Deux conditions y suffiraient :

« D'abord on déterminerait le prix de revient ; on fixerait, eu égard à la situation du monde industriel, le chiffre du bénéfice licite au-dessus du prix de revient, de manière à arriver à un prix uniforme et à empêcher toute concurrence entre les ateliers d'une même industrie.

« Ensuite on établirait dans tous les ateliers de la même industrie un salaire non pas égal, mais proportionnel, les conditions de la vie matérielle n'étant point identiques sur tous les points de la France.

« La solidarité ainsi établie entre tous les ateliers de même nature, il y aurait enfin à réaliser la souveraine condition de l'ordre, celle qui devra rendre à jamais les haines, les guerres, les révolutions impossibles ; il y aurait à fonder la solidarité entre toutes les industries diverses, entre tous les membres de la société.

« Pour cela, de divers fonds de réserve dont nous

parlions tout à l'heure, on formerait un fonds de mutuelle assistance entre toutes les industries, de telle sorte que celle qui, une année, se trouverait en souffrance fût secourue par celle qui aurait prospéré. Un grand capital serait ainsi formé, lequel n'appartiendrait à personne en particulier, mais appartiendrait à tous collectivement.

« La répartition de ce capital de la société entière serait confiée à un conseil d'administration placé au sommet de tous les ateliers.

« L'État arriverait à la réalisation de ce plan par des mesures successives. Il ne s'agit de violenter personne. L'État donnerait son modèle; à côté vivraient les associations privées, le système économique actuel; mais telle est la force d'élasticité que nous croyons au nôtre, qu'en peu de temps, c'est notre ferme croyance, il se serait étendu sur toute la société, attirant dans son sein les systèmes rivaux par l'irrésistible attrait de sa puissance. Ce serait la pierre jetée dans l'eau et traçant des cercles qui naissent l'un de l'autre en s'agrandissant toujours. »

Tel est le système. Avant d'en discuter les points principaux, nous croyons devoir faire remarquer que Louis Blanc paraît avoir définitivement renoncé, et nous l'en félicitons, à la théorie de *l'égalité des salaires*, puisque, dans ses publications les plus récentes, on trouve presque à chaque page cette formule qui implique contradiction avec la précédente : *De chacun selon ses facultés*, A CHACUN SELON SES BESOINS.

Nous ferons remarquer aussi que, dans la dernière édition de *l'Organisation du travail*, a été supprimé le passage suivant : *Dans ses mains* (le conseil d'administration) *seraient réunies les rênes de toutes les industries, comme dans la main d'un ingénieur nommé par l'État serait remise la direction de chaque industrie particulière.*

C'est sans doute cette idée ainsi formulée qui a fait croire à quelques-uns que Louis Blanc voulait faire de l'État le propriétaire de l'industrie; mais il n'en est rien. Dans le système de Louis Blanc, l'État se bornerait à commanditer l'atelier social, à nommer aux fonctions la première année, après laquelle la hiérarchie sortirait du principe électif. Les statuts de l'atelier social seraient votés par l'Assemblée nationale et auraient force de loi; l'État serait en un mot le législateur, le régulateur de l'industrie. C'est ainsi que M. Louis Blanc s'exprime.

Ainsi restreint, le rôle de l'État, quoique moins dangereux, est encore trop étendu.

Pour notre compte, nous ne saurions admettre l'intervention de l'État en matière de commerce et d'industrie; ces matières doivent demeurer libres et facultatives à tous; elles rentrent essentiellement dans le domaine de l'individu, dont la souveraineté en cela doit rester entière. Par le travail, l'homme en se rendant utile à lui-même et à ses semblables, exerce et développe ses facultés; or, l'exercice des facultés de l'homme et la manière de les exercer sont le patriotisme exclusif de l'individu.

Faire intervenir l'État en cette matière à titre d'organisateur, de législateur, de régulateur, ne fût-ce même que provisoirement, c'est absorber l'essor individuel ou tout au moins en gêner l'exercice ; c'est s'immiscer au nom de cet intérêt public, qui a toujours servi de prétexte à tous les despotismes, dans le domaine inviolable de la personnalité humaine ; c'est nier en quelque sorte la souveraineté dans un de ses éléments les plus essentiels.

La liberté du commerce et de l'industrie est une des plus précieuses conquêtes de la révolution ; cette conquête, sachons la conserver.

Toutes les libertés sont solidaires ; proclamons donc, sous peine d'illogisme, la liberté absolue du commerce et de l'industrie, nous qui voulons toutes les libertés.

Par ce seul fait que l'État réglemente l'industrie, l'industrie n'est plus libre, et M. Louis Blanc veut qu'elle soit régie par *des statuts votés par l'Assemblée nationale et ayant force de loi* ; il veut que l'État en devienne le RÉGULATEUR SUPRÊME.

Quand finira-t-on par comprendre que le grand mal de notre époque consiste précisément dans cette manie de vouloir tout régir par des lois, c'est-à-dire par des dispositions conventionnelles et par cela même *arbitraires*.

L'homme ne fait pas la loi, il la découvre.

S'attacher à découvrir la loi naturelle, qui n'est autre que *le rapport nécessaire des choses*, telle doit être l'œuvre du législateur ; et des découvertes de cette nature, d'un ordre bien autrement élevé que les découvertes dans l'ordre physique, ne se font pas tous les jours. Ce qui prouve qu'on doit être sobre de lois.

C'est parce qu'on a voulu réglementer la presse, le droit de réunion, la vente des journaux, que ces libertés n'existent plus.

Il en serait de même de l'industrie.

La liberté existe par elle-même ; la réglementer, c'est en gêner l'exercice ; là où il existe des entraves à l'exercice d'une liberté, cette liberté n'existe plus, parce qu'elle a cessé d'être entière.

Si j'avais l'honneur de siéger à l'Assemblée nationale, mon premier acte serait de proposer un article de loi ainsi conçu :

« Toutes les libertés existent par elles-mêmes ; en « conséquence, il est expressément interdit, sous peine « de *bannissement*, de proposer aucune loi pour en « diminuer l'étendue ou en régler l'exercice. »

Savez-vous ce que ferait l'État, devenu le législateur, le régulateur suprême de l'industrie ? Il ferait ce qu'ont fait jusqu'à ce jour les corps savants ; il nierait comme eux toutes les grandes découvertes qui font l'orgueil de la civilisation : la vapeur, l'électricité, la circulation du sang, la vaccine, l'homœopathie, le magnétisme.

Vous êtes-vous jamais demandé la raison de cela ? Je vais vous la dire. Les corps savants, par cela même qu'ils sont des corps savants, sont convaincus d'avance que tout ce qui ne vient pas d'eux ne vaut rien. Eux seuls ont le privilége, le monopole de la science; eux seuls l'infaillibilité.

Voilà pourquoi ils ont nié et nieront toujours toutes les découvertes.

Voilà pourquoi ils les combattront à outrance jusqu'à ce que la grande voix de l'opinion publique leur ait forcé la main, et encore!

Les corps savants, c'est la science mesquine, rabougrie, routinière, hargneuse, maussade, jalouse, rancunière, guindée et gonflée d'orgueil, siégeant gravement dans une chambre de l'Institut.

C'est la science, c'est-à-dire la vie universelle qui a besoin pour se manifester d'air, de soleil et de liberté, enfermée dans un bocal.

Eh bien, l'État devenu le législateur, le régulateur suprême de l'industrie, procéderait exactement comme les corps savants pour toutes les innovations et les découvertes qui viendraient enrichir le domaine industriel. L'État ne serait pas le protecteur, mais le fossoyeur de l'industrie.

Cessez donc de faire intervenir l'État en cette matière.

Si le cadre de ce travail nous le permettait, il nous serait facile de démontrer que l'État ne pourrait suffire à la grande tâche que vous voulez lui imposer; très-certainement il succomberait sous le fardeau.

A côté du mot INCOMPÉTENCE, nous pourrions écrire aussi IMPUISSANCE, mais cela nous entraînerait trop loin.

Nous comprenons jusqu'à un certain point que l'État s'empare avec indemnité des chemins de fer, des assurances, des canaux, parce que la circulation, la distribution des primes intéressent essentiellement la collectivité dont l'État est le représentant; ici l'intérêt général domine l'intérêt privé. Les voies nécessaires à la circulation n'appartiennent à personne en particulier, l'usage en est commun à tous; nous concevons donc l'intervention de l'État en pareille matière; ce sont là en quelque sorte des industries qu'on pourrait appeler publiques, soit par leur nature, soit par le caractère d'universalité qui leur est propre. Mais faire intervenir l'État dans l'industrie privée à un titre quelconque, fût-il même des plus minimes, c'est ce que nous ne saurions admettre.

Disons donc maintenant et toujours : liberté absolue du commerce et de l'industrie. Qui dit liberté dit nécessairement concurrence, il faut en prendre son parti. La concurrence, c'est l'émulation. Nous verrons dans la suite comment il sera possible de lui faire perdre le caractère anarchique qu'elle a revêtu. C'est en remontant aux causes et en les faisant disparaître que nous atteindrons les effets, sans qu'il soit besoin de l'intervention de l'État, ni de mesures prohibitives ou réglementaires, mais en laissant à l'activité humaine toute sa spontanéité.

La solidarité, telle que l'entend Louis Blanc, supprime la responsabilité; telle que nous l'entendons, elle la conserve. La responsabilité dans la solidarité constitue un des aspects les plus difficiles, les plus graves de la question sociale, et ce point de vue, il ne l'a pas même soupçonné.

Quant à sa formule de répartition : *de chacun selon ses facultés, à chacun selon ses besoins*, nous lui dirons qu'il suffit de poser cette simple question : Qui déterminera la limite de mes besoins? pour rendre toute réponse impossible. Nous ajouterons que ce n'est pas à une époque dévorée par la fièvre de l'individualisme que l'on peut sérieusement espérer faire admettre la première partie de sa formule ; passe encore si ce n'était là qu'un précepte. Oui, nous en convenons, au point de vue du devoir, il n'est pas douteux que chacun *ne soit tenu de travailler selon la mesure de ses facultés* ; mais nulle puissance au monde n'a le droit d'exiger de moi l'usage de toutes mes facultés, et si je le refuse, quel moyen de coërcition emploierez-vous ? Alors vous envahissez ma sphère individuelle, vous gênez ma liberté. Si la première partie de votre formule n'a pas de sanction pénale, elle ne dit rien ; néant ou despotisme, choisissez.

Nous ne pénétrerons pas plus avant dans l'examen du système de Louis Blanc. Nous avons insisté sur les points principaux. Il y aurait encore beaucoup à dire, mais le cadre que nous nous sommes imposé ne nous le permet pas.

Le socialisme de Louis Blanc, âme honnête, nature élevée, part d'un sentiment plus généreux que vrai. Louis Blanc est un brillant théoricien et rien de plus. Il n'est pas heureux, il faut l'avouer, dans ses formules économiques : la connaissance des choses pratiques lui fait défaut. Je l'estime autant comme historien que je l'estime peu comme économiste ; toujours est-il qu'on doit lui tenir compte de ses efforts.

En quelques années, son système a vieilli d'un siècle, tant les idées marchent vite aux époques de révolution.

Le socialisme de Louis Blanc, tout facultatif qu'il est, si jamais il était pratiqué, ce que je ne puis croire, constituerait le plus odieux de tous les despotismes, et par cela seul ne tarderait pas à tomber en discrédit dans l'opinion des rares partisans qui lui sont restés fidèles.

Ce socialisme a plus d'un point de contact avec le saint-simonisme et le communisme : comme eux, il accorde trop au pouvoir de l'État. C'est toujours l'idée de l'autorité, du pouvoir par en haut ; c'est l'État démocratisé en apparence, l'ÉTAT SERVITEUR, mais, en réalité, pensant et agissant à la place de l'individu et s'établissant d'autorité dans le domaine inviolable de l'industrie privée. C'est, tranchons le mot, du monarchisme sous une autre forme, avec un but démocratique. Ce socialisme augmente outre mesure le pouvoir de l'État, alors que la question vitale de notre époque consiste à restituer à la sphère individuelle tout ce que l'État lui a enlevé et lui enlève chaque jour, sous le prétexte menteur d'intérêt public.

CHAPITRE X

Socialisme de Proudhon.

Proudhon est précisément tout le contraire de Louis Blanc ; aussi l'a-t-il vigoureusement attaqué à plusieurs reprises et presque toujours, il faut le reconnaître, avec assez peu de mesure. Proudhon est ce qu'il y a au monde de plus individualiste. Si Louis Blanc exagère le pouvoir de l'État, Proudhon exagère celui de l'individu. Sa théorie de l'an-archie, théorie plus scientifique et plus élevée qu'on ne le pense généralement, n'est autre chose que la négation du gouvernement, c'est-à-dire l'absence complète d'intervention de l'être collectif dans la personnalité humaine ; si Proudhon a voulu parler d'un gouvernement *extérieur* au peuple, il a raison, la démocratie n'est que cela ; mais s'il a voulu parler d'un gouvernement issu du peuple, s'identifiant avec lui et dans lequel le peuple conserve son autonomie *, il ne l'aurait pu sans nier la démocratie elle-même.

Au surplus, le mot *gouvernement* en démocratie est un non-sens. *Gouvernement*, ainsi que le mot l'indique, vient de gouvernail, espèce de levier qui

* *Autonomie*, législation, gouvernement de soi-même.

sert à diriger un navire. Cette dénomination se conçoit lorsque le pilote s'appelle royauté, ce qui n'est que la direction d'un seul. Appliquée à la pluralité, elle n'a plus de signification : c'est administration qu'il faut dire. Sous la monarchie, le peuple est mineur et on le gouverne ; sous la république, il est majeur et il s'administre lui-même.

Nous vivons dans un temps où les mots jouent un grand rôle. On s'attache, en général, beaucoup plus à la forme qu'au fond des choses. Ainsi deux candidats sont en présence devant une assemblée que je supposerai, si l'on veut, animée de sentiments démocratiques. L'un est un homme loyal et de bonne foi, un démocrate sincère, il est partisan de l'*an-archie* de Proudhon et il le déclare nettement, formellement ; il croirait se manquer à lui-même et aux électeurs s'il leur taisait une partie de la vérité sur ses opinions ou ses tendances. L'autre est un ambitieux vulgaire qui veut arriver, un royaliste déguisé en républicain ; peu lui importent le peuple et la démocratie : il parlera de la nécessité d'empêcher par tous les moyens le gouvernement d'absorber l'individualité humaine ; il dira qu'il faut détruire tous les abus dont le gouvernement se rend coupable envers les citoyens ; de la protection due à ceux-ci dans leurs personnes, dans leurs propriétés, dans l'exercice de leurs droits, etc. ; il dira, en un mot, la même chose que son compétiteur, mais en des termes différents ; il est habile et sait dissimuler. Le premier, celui qui a prononcé le mot *anarchie*, est repoussé ; le second est élu : l'un servirait utilement la république par ses votes, ses discours, et, au besoin, saurait mourir pour elle ! l'autre, à peine arrivé à l'Assemblée, passe à la réaction ! Qui est *floué?*... le public... O Athéniens !... ô puissance des mots !...

Mais revenons à Proudhon.

Sous le titre de *Banque du peuple*, Proudhon, dans ces derniers temps, a essayé de fonder une institution qui avait pour but de résoudre le problème social. Dans la déclaration qui précède l'acte de société de la Banque du peuple, il a affirmé que, dans sa pensée la plus intime, les principes exprimés dans cet acte et les conséquences qui en découlent constituaient *tout le socialisme*, et que, hors de là, il n'était qu'*utopie et chimère*.

Le système de Proudhon étant résumé dans les quatre-vingt-huit articles qui composent l'acte de société de la Banque du peuple, il ne nous reste plus qu'à entrer dans l'examen de cette institution dont nous allons résumer, à notre tour, les principales dispositions. Nous ne nous attacherons qu'aux principes, les détails nous entraîneraient trop loin.

Les principes qui servent de base à la Banque du peuple sont :

Que toute matière première est fournie gratuitement à l'homme par la nature ;

Qu'ainsi dans l'ordre économique tout produit vient du *travail*, et, réciproquement, que tout capital est improductif ;

Que toute opération de *crédit* se résolvant en un

échange, la prestation des capitaux et l'escompte des valeurs ne peuvent et ne doivent donner lieu à aucun intérêt.

Reprenons ces propositions :

Toute matière première, dites-vous, est fournie gratuitement à l'homme par la nature.

Distinguons.

S'il s'agissait d'une société primitive dont les membres ne se fussent pas encore appropriés les matières premières, sans doute il serait vrai de dire que la nature les leur fournit gratuitement.

Mais dans un état social où toutes les valeurs, à tort ou à raison, sont appropriées, il n'est pas vrai de dire que toute matière première est fournie gratuitement.

Prenons la société telle qu'elle est et n'expérimentons pas sur un idéal. Jusqu'à ce jour l'initiative des novateurs ne s'est que trop exercée sur ce terrain. Il est temps de sortir du domaine des fictions pour entrer dans celui des réalités.

Or, dans la société actuelle, le sol et toutes les richesses qu'il renferme dans ses flancs ou s'étalent à sa surface sont appropriés; il n'est donc pas vrai que l'homme puisse se procurer gratuitement les matières premières.

Il vous faudrait pour cela procéder à l'expropriation de ceux qui possèdent et, je le sais, vous n'allez pas jusque-là.

Donc le sol et les matières premières, les produits naturels et industriels, étant appropriés, votre première proposition constitue évidemment une erreur.

C'est cette idée erronée qui vous a amené à proclamer la théorie du crédit gratuit.

Vous ajoutez que, dans l'ordre économique, tout produit vient du travail ; assurément je n'ai garde d'y contredire : le travail seul peut donner de l'utilité aux produits naturels, faire de rien quelque chose, vous avez parfaitement raison ; le travail, voilà l'élément qui féconde.

Mais que peut le travail sans les matières premières? Rien. Et ne l'oubliez pas, LES MATIÈRES PREMIÈRES SONT APPROPRIÉES.

Que fera un maçon sans briques ou moellons? Que fera un orfèvre sans or ou argent? Que fera un menuisier sans bois? Rien : et je remarque ici que ces produits, qui sont pour ces industriels des matières premières, ont subi une double appropriation ; d'abord de la part du propriétaire du sol, puis de la part de celui qui a extrait, préparé, façonné ces produits naturels ou industriels. Cette appropriation peut même, par L'EFFET DU TRAVAIL, représenter trois ou quatre individualités qui, toutes, se sont exercées utilement sur les matières premières. Vous voyez donc que, moins que jamais, ces matières ne peuvent être fournies gratuitement. M. Bastiat l'a parfaitement démontré dans une polémique encore présente à tous les esprits, et dans laquelle, je suis forcé de l'avouer, l'avantage n'est pas resté de votre côté.

Reconnaissons donc que toute matière première,

soit par le fait de l'appropriation primitive, soit par le fait du travail qui s'est exercé sur elle, ne saurait être, dans l'ordre social actuel, concédée gratuitement.

La théorie de la gratuité peut être vraie, jusqu'à un certain point, pour *l'échange ou la circulation des produits*, mais elle est radicalement fausse pour ce qui concerne les instruments de travail, le crédit ou le numéraire, à l'aide desquels on peut se les procurer.

Lorsque Proudhon affirme que, par l'application de son système, on aura les terres pour rien, les maisons pour rien, l'argent pour rien, il affirme, nous voulons ménager l'expression, une impossibilité.

Proudhon nie, d'une manière absolue, la productivité du capital, il ne veut pas que le capital produise intérêt; il affirme que dans son système économique on peut très-bien s'en passer; nul ne lui a fait une plus rude guerre. Il nous paraît difficile qu'on puisse se passer de numéraire, ne fût-ce que comme appoint dans les échanges : peut-être pourrait-on en remplacer, jusqu'à un certain point, l'usage, par des bons d'échange de minime coupure garantis par *une valeur réelle;* mais, numéraire ou papier, la question est assez indifférente.

Toutefois, on parviendra difficilement à remplacer cet agent de la circulation, car il représente par lui-même, non-seulement une valeur fictive ou conventionnelle, mais encore une *valeur réelle;* la rareté du métal, les difficultés de l'extraction, le travail nécessaire à cette extraction, tout cela donne aux métaux, que l'industrie façonne et utilise pour le commerce, un titre certain, à tel point qu'il est vrai de dire que le numéraire porte avec lui sa valeur; cette valeur, il sera difficile de la lui enlever, il faudrait pour cela détruire les rapports des métaux entre eux et leur appropriation aux diverses branches de l'industrie, ce qui nous paraît impossible.

Quant à l'improductivité du capital, cette question que Proudhon considère comme principale est fort secondaire, même au point de vue où il se place. Il importe peu, en effet, que le capital produise ou ne produise pas intérêt; du moment où chacun aura la faculté de devenir propriétaire par le travail, le capital produira intérêt pour le travailleur devenu capitaliste, et je ne pense pas que celui-ci y trouve à redire; sans doute, il est à désirer que l'intérêt des capitaux baisse, afin de rendre moins onéreuse la rente que le travail paie au capital, mais ce résultat sera atteint par le seul fait de l'organisation du crédit, du crédit mis à la portée de tous, et sans qu'il soit besoin de restrictions ou suppressions législatives.

De cette façon tous les intérêts seront garantis.

Nous plaçant à un autre point de vue nous dirons :

Le capital prêté, la maison louée, constituent un *service rendu;* ce service procure l'instrument du travail à celui qui en était dépourvu, souvent même il *fait vivre* celui qui, auparavant, était en peine de son existence; ce service doit donc être rémunéré. L'intérêt, le loyer, le fermage pour les terres, sont le prix de ce service; de là, la légitimité de ces redevances. Au surplus, ces matières doivent être réglées par la liberté la plus absolue, et nul n'a rien à y voir, qu'il soit législateur ou économiste.

Les lois qui défendent de prêter au delà de 5 pour 100 en matière civile, et 6 pour 100 en matière de commerce, deviendront sans objet par le seul fait qu'on trouvera à emprunter à de meilleures conditions.

La généralisation du crédit sera le tombeau de l'usure.

En supprimant l'intérêt, on supprime l'épargne; l'épargne qui moralise et met à l'abri du besoin, qui, stimulée par l'appât de l'intérêt, vient en l'aide à la production et accroît son développement.

L'intérêt des capitaux tient à des causes profondes, invétérées; c'est le produit d'aggrégations en quelque sorte moléculaires, qui se sont successivement formées à mesure que s'est développé l'ordre économique. L'intérêt des capitaux, revenus des terres, loyers des maisons, sont choses identiques qui se combinent entre elles et forment un tout dont on ne peut enlever une parcelle sans le rompre aussitôt. L'intérêt est la représentation, sinon exacte, au moins approximative, combinée avec les chances de perte, des produits du sol, des loyers des maisons. Si les terres et les maisons produisent des redevances, n'est-il pas naturel, logique, légitime même, que les capitaux qui servent à l'acquisition des immeubles, dont ils ne sont que la représentation, produisent des intérêts ?

Tant que les terres et les maisons seront dans le commerce, tant qu'elles produiront des revenus, l'argent devra nécessairement produire des intérêts ; et si M. Proudhon veut être logique, lorsqu'il propose de supprimer l'intérêt, il doit en même temps proscrire la vente des terres et des maisons.

M. Proudhon a singulièrement abusé de la méthode de la contradiction qu'il a puisée dans la philosophie allemande. Au lieu d'alarmer les intérêts, ainsi qu'il l'a fait en niant la propriété et le capital, il eût mieux fait, ce nous semble, d'affirmer l'un et l'autre, et de les affirmer pour tous ; sans doute ses négations conduisent à cette affirmation ; elles la supposent ; mais il eût mieux valu qu'elle fût explicite, la cause du socialisme y eût gagné infailliblement, ceci soit dit tout en reconnaissant les services que cet éminent publiciste a rendus à la cause de la démocratie.

En résumé :

La gratuité du crédit est une chimère. C'est organisation du crédit qu'il faut dire.

L'intérêt des capitaux baissera naturellement et progressivement par la généralisation du crédit.

Si on supprimait l'intérêt, le capital se cacherait, personne ne voudrait prêter, et le *crédit privé* ne pourrait se constituer et venir prêter son concours au *crédit public.*

Si les maisons ne rapportaient plus de loyers, personne ne bâtirait des maisons.

Ce serait frapper de stérilité des droits acquis que je tiens pour très-légitimes, par cela seul qu'ils procèdent d'un ordre de choses tacitement consenti par tous, et qu'ils ont en leur faveur la légitimité du temps.

On ne le pourrait, sans porter atteinte à la liberté la plus vulgaire, sans laquelle il n'est pas de commerce, pas d'industrie possible : la liberté des transactions.

M. Proudhon, qui professe la théorie de la liberté absolue, qu'il a décorée du nom d'*anarchie*, serait le premier, nous n'en doutons pas, à protester contre des mesures qui tendraient à rendre obligatoires les solutions qu'il propose.

Le socialisme de M. Proudhon est entièrement facultatif; aussi n'offre-t-il aucun danger. En lui maintenant ce caractère, il a peu de chances d'être pratiqué; nul, stipulant librement, ne consentira jamais à intervertir à ce point les rapports naturels des choses et à se priver de leur utilité.

CHAPITRE XI

Socialisme de M. Émile de Girardin.

M. Émile de Girardin, dans un travail intitulé : *De l'abolition de la misère par l'élévation des salaires*, a essayé de résoudre le problème social.

Nous n'hésitons pas à dire qu'il n'y est pas parvenu.

Allons droit au fond de ce livre.

M. de Girardin propose d'abolir la misère par l'élévation indirecte et par l'élévation directe du salaire.

L'élévation indirecte, résulterait d'un impôt unique et volontaire transformé en assurance, théorie qui a fait l'objet d'une précédente publication de M. Émile de Girardin.

Quant à l'élévation directe, le mot seul indique ce qu'est la chose.

Hâtons nous de reconnaître tout ce qu'il y a de hardi et de fécond, tout à la fois, dans cette idée d'un impôt unique transformé en assurance et destiné à remplacer les impôts nombreux, injustes et vexatoires qui pèsent sur le pays, et dont la plupart grèvent d'une manière si déplorable la consommation. Assurément M. de Girardin, en prêtant l'appui de son talent à cette théorie d'un impôt unique, a bien mérité de la démocratie. Ce système n'eût-il d'autre mérite que celui de la simplification, et c'est là un de ses moindres avantages, ce serait déjà beaucoup que d'avoir ramené à l'unité une matière si confuse et si compliquée, source de tant d'abus.

Oui, nous le reconnaissons avec M. de Girardin, la diminution de l'impôt est un moyen indirect d'améliorer la condition du travailleur.

Mais ce n'est là qu'un côté de la question, un point très-secondaire.

L'assurance équivaut à une caisse de secours; pour les travailleurs, c'est quelque chose sans doute, mais ce n'est pas assez. Nous eussions même désiré que M. E. de Girardin eût été plus explicite à cet égard, et qu'au lieu de se borner à attendre les objections qui ne peuvent guère se produire, parce qu'il n'a rien formulé sur ce point, il fût entré dans les développements que comportait son sujet. Espérons qu'il remplira cette lacune.

Dans le travail auquel nous faisons allusion, — *le Socialisme et l'Impôt,* — M. de Girardin a affirmé que l'impôt unique et volontaire donnait droit, entre autres avantages, à la pension de prévoyance et mettait à l'abri de la misère.

Des affirmations de cette nature demandent des preuves ; ces preuves, il les produira sans doute.

Quoi qu'il en soit, occupons-nous du deuxième moyen indiqué par M. de Girardin : nous voulons parler de l'élévation des salaires.

Nous pensons que M. de Girardin a fait fausse route.

Quelques mots suffiront pour démontrer que l'élévation des salaires ne résout rien.

En effet, en élevant les salaires, on augmente *nécessairement* le prix de revient, et par suite le prix de vente de *tous les produits.*

Les produits de toute sorte dont le travailleur a besoin étant d'un prix élevé, cette élévation absorbera nécessairement l'excédant de salaire qu'il aura obtenu.

Le salaire est plus élevé, d'accord;

Mais aussi tout est plus cher.

Autant eût valu avoir conservé le taux du salaire primitif.

Par suite de l'augmentation générale des salaires, rien n'est changé dans les rapports des choses, la proportion est restée la même.

Voyez ce qui se passe en Californie, ce pays de l'or.

Le salaire des travailleurs est très-élevé; mais la nourriture, le logement, le vêtement sont en proportion.

La consommation absorbe le salaire.

M. de Girardin espère que l'élévation des salaires multipliera la consommation, et il affirme que, dans cet accroissement de consommation, le producteur trouvera un bénéfice plus élevé, qui compensera pour lui l'élévation du salaire.

Erreur. La consommation ne sera pas multipliée, par cette seule raison, déjà donnée, l'augmentation du prix de revient, laquelle élèvera d'autant le prix de vente des produits.

Des élévations *isolées* de salaire amèneraient pour les travailleurs appelés à en profiter le résultat que M. de Girardin veut atteindre, comme, par exemple, pour les membres de la société typographique de Paris dont il invoque l'exemple ; mais une mesure particulière ne serait d'aucune efficacité pour le grand but que poursuit le socialisme : l'abolition de la misère.

L'élévation du salaire généralisée ne mène à rien.

C'est la goutte d'eau séchée aussitôt par le soleil.

La terre n'en profite pas.

M. de Girardin espère que la science donnera plus de moyens qu'il n'en faudra pour contenir le prix de revient dans la limite où il est nécessaire qu'il reste.

Illusion.

La science n'opère pas de tels prodiges ; elle ne peut pas faire que si de deux on ôte deux, il ne reste zéro.

Comment l'esprit éminemment pratique de M. de Girardin a-t-il pu se méprendre à ce point ?

S'il croit que le patron prendra à son compte personnel l'élévation du salaire, et que le prix des produits restera le même pour le consommateur, grande est son erreur ; la concurrence que se font les industries a équilibré les prix de telle sorte que le patron ne pourrait, sans préjudice pour lui-même, rien prélever sur le bénéfice que lui assigne la nature même des choses : il se verrait donc forcé d'élever ses prix.

Peut-être quelques fortes maisons, celles qui opèrent sur une vaste échelle, qui réalisent d'immenses bénéfices, pourraient-elles prendre à leur charge cette élévation de salaire ; mais alors, quelle concurrence désastreuse pour la moyenne et la petite industrie, c'est-à-dire pour les plus nombreuses, presque toutes tributaires de la haute banque qui les pressure Dieu sait !

En vain M. de Girardin dit-il *que toute fabrication se compose* de FRAIS CROISSANTS et de FRAIS DÉCROISSANTS, *ceux-ci improprement appelés frais généraux ;*

Que les frais décroissants sont ceux qui sont d'autant plus faibles relativement que le débit est plus étendu, tels que les frais de loyers, de fabriques, d'ateliers, de magasins, appointements de commis, payement de contributions et patentes.

Mais de deux choses l'une : ou le débit des patrons augmenterait considérablement par suite de la multiplication de la consommation, ou il n'augmenterait que médiocrement. Dans le premier cas, les frais de loyers, de magasins, de fabriques, d'appointements de commis, de contributions et de patentes, augmenteraient nécessairement.

Ne voyons-nous pas tous les jours des locaux abandonnés parce qu'ils sont devenus insuffisants par suite de l'extension des affaires ?

Les commis dont parle M. de Girardin sont des travailleurs aussi, la plupart fort peu payés, et je ne pense pas qu'il voulût les exclure de la mesure générale qu'il propose.

Les contributions et les patentes augmenteraient

avec le loyer. La patente ne se compose pas seulement d'un droit fixe, mais encore *d'un droit proportionnel*. Le droit fixe est invariable; mais le droit proportionnel varie, suivant l'importance des maisons d'habitation, usines, ateliers, magasins et boutiques : ce droit est du dixième du loyer.

Ainsi, de quelque côté que l'on envisage la question, la solution est nulle; un seul mot caractérise votre système, M. de Girardin, et ce mot : c'est ILLUSION.

D'un haillon, vous avez essayé de faire un riche manteau à l'aide de la vigueur et des magnificences de votre style; mais le manteau ne supporte pas l'examen, et à travers la pourpre on aperçoit le haillon.

En supposant, ce que je suis loin d'admettre, que l'élévation des salaires produisît quelques résultats favorables, penseriez-vous avoir résolu cette grande question sociale qui préoccupe à bon droit tous les esprits? auriez-vous interverti les rapports des éléments de la production? auriez-vous fait que le travail, principe actif qui produit toute commande, et que le capital, principe neutre qui n'est qu'un auxiliaire, obéisse? Non; dans votre système, le capital est toujours maître et le travail toujours esclave.

Et cependant la question vitale de notre époque, c'est l'affranchissement du travail; ne l'oubliez pas.

Et cependant, Monsieur, vous aviez entrevu la question lorsque vous avez dit dans votre travail sur l'*Abolition de la misère*, page 30 :

« Pourquoi donc l'ouvrier laborieux, économe et « prévoyant, serait-il exclu de toute participation au « crédit ? Pourquoi ne serait-il pas fondé à lui demander « der les avances nécessaires à l'achat d'instruments « de travail, et à l'approvisionnement des matières « premières destinées par lui à se convertir en ma« tières ouvrées, ce qui équivaudrait soit à une aug« mentation indirecte du salaire, soit à un abaisse« ment du prix de revient ? Qu'y aurait-il donc là « d'impossible et de fâcheux ? »

Là, Monsieur, vous aviez mis le doigt sur la question, et vous auriez été dans le vrai si, au lieu de conclure à l'élévation du salaire, vous aviez conclu à l'organisation du crédit ; mais cette idée si heureuse et si féconde, vous l'avez bien vite abandonnée pour continuer la critique du rapport de M. Thiers.

La vieille économie politique, cette *théorie des effets* que vous condamnez pourtant, vous enveloppe et vous enserre à votre insu. Encore un effort et vous poserez, je n'en doute pas, la question au point de vue de l'économie sociale, qui est *la science des causes* ; alors vous reporterez le culte que vous professez pour les gouvernements de *fait* sur ce qui fait l'essence, la force et la grandeur de la démocratie : LE DROIT.

CHAPITRE XII

Inocuité, impraticabilité des systèmes proposés.—Socialisme transitoire. — Principes.

Avant de rechercher les causes de la misère, revenons un instant sur nos pas, résumons et posons quelques principes.

Nous avons successivement analysé les divers systèmes socialistes qui se disputent le domaine des convictions, et moins un, celui de Fourier, tous les autres ne valent guère la peine qu'on s'y arrête. Nous ne leur accordons qu'une valeur très-secondaire; il n'y a guère d'invention dans tout cela. Ce sont des théories plus ou moins heureuses, plus ou moins vraies dans leur principe ou leurs applications ; elles témoignent de louables efforts tentés pour une grande cause ; mais, je n'hésite pas à le dire, aucune d'elles ne tient suffisamment compte du milieu dans lequel nous vivons.

Il faut pourtant résoudre le problème social au point de vue de la société actuelle.

La propriété plie sous le triple fardeau de l'impôt, de l'usure et de la chicane.

Le commerce languit, l'industrie se meurt, le travail est paralysé, la circulation est suspendue dans le corps social.

Le peuple n'a pas le temps d'attendre ; il a faim !

Et cependant, nous ne manquons ni de capitaux, ni de bras, ni d'intelligences : terres fertiles, matières premières, machines, instruments de travail de toute sorte, la France possède tout en abondance.

Que faire? que faire surtout le lendemain du triomphe inévitable et prochain de la démocratie?

Le communisme répugne à l'immense majorité, on en a peur ; il a été beaucoup calomnié. Toujours est-il qu'il a le grand tort d'absorber l'individualité humaine ; il ne présente pas d'ailleurs de moyens pratiques, il ne résout rien.

Le socialisme métaphysique de Pierre Leroux ne contient ni solutions ni formules.

Le phalanstère n'est pas suffisamment compris ; ses partisans eux-mêmes reconnaissent que son temps n'est pas encore venu.

Le socialisme de Louis Blanc a le tort d'exagérer outre mesure le pouvoir de l'État, et d'absorber comme le communisme, dont il n'est qu'une variété, l'individualité humaine. Nous sommes donc bien éloignés aussi de l'ATELIER SOCIAL.

La banque du peuple de Proudhon repose sur un principe inapplicable au point de vue de la société actuelle, celui de la *gratuité du crédit.*

Émile de Girardin, nous venons de le démontrer, n'a pas résolu la question.

Que faire? car le temps presse, et la question sociale va se présenter plus impérieuse que jamais, aggravée de ressentiments qu'une réaction insensée a jetés dans les âmes.

Une solution, une seule est désormais possible :

Il faut ORGANISER LE CRÉDIT.

Voilà le socialisme transitoire auquel tous les chefs d'école doivent se rallier par une adhésion formelle, s'ils ne veulent encourir la qualification de *mauvais citoyens*.

Voilà ce qu'ils doivent faire, s'ils ne veulent pas que l'on dise d'eux qu'ils ont sacrifié la grande cause de la démocratie aux titubations de leur orgueil.

Cet acte d'adhésion que je leur demande, le peuple leur en tiendra compte ; leur amour-propre ne saurait en souffrir. Ils ont beaucoup fait les uns et les autres ; tous ont apporté leur pierre à l'édifice. Le problème social est le plus vaste qui ait jamais été posé ; tous ont fourni leur contingent d'efforts avec talent, courage, dévouement ; tous ont préparé les voies à la solution et l'ont rendue facile. Honneur à eux !

Leurs disputes doivent cesser ; les récriminations personnelles seraient puériles en présence du grand intérêt qui s'agite, et elles ne seraient pas d'ailleurs sans danger.

Il n'est pas un chef d'école qui ne soit convaincu que son système ne peut prévaloir, à cause de l'antagonisme et de la divergence de systèmes rivaux. Persister à en demander l'exécution immédiate, ce serait continuer des divisions fâcheuses de nature à ajourner indéfiniment l'avènement de la démocratie.

Ces systèmes doivent être réservés à l'avenir.

L'organisation du crédit est un terrain neutre sur lequel ils doivent se donner le baiser de paix.

C'est le *socialisme transitoire* qu'il s'agit d'organiser.

Que sera la société actuelle dans quarante ou cinquante ans? Vivra-t-elle dans la communauté, dans le phalanstère, dans l'atelier social, dans l'anarchie? Nul ne le sait, nul ne peut le dire.

Le temps de la spéculation pure est passé; vivons un peu moins dans l'avenir et occupons-nous enfin du présent.

Aux républicains de toutes nuances qui repoussent la qualification de socialistes, je dis :

Vous êtes socialistes sans le savoir, par cela seul que vous êtes républicains.

Chacun a *le droit* de vivre en travaillant; dès lors il doit en avoir *le moyen*. C'est la conséquence naturelle, logique, irrésistible de la formule républicaine.

Ce droit, vous ne pouvez le nier sans nier en même temps votre propre existence.

Le droit au travail, c'est le droit aux instruments de travail; l'instrument du travail, c'est le crédit.

Joignez-vous donc à nous pour organiser le crédit.

Avec l'organisation du crédit le travail reste ce qu'il doit être, libre. La propriété et tous les droits acquis ne cessent pas d'être respectés.

La propriété doit être accessible à tous par le travail. Jusqu'à ce jour elle a constitué un privilége ; il s'agit d'en faire un droit pour tous sans secousses, sans violence, sans spoliation.

Cela se peut par l'organisation du crédit.

Par l'organisation du crédit, la société ne change pas de figure, elle reste ce qu'elle est; seulement chacun peut vivre en travaillant.

Ce qui vous a effrayé dans le socialisme, tout facultatif qu'il est pourtant, ce sont ses négations absolues qui vous semblaient devoir se traduire en faits. Vous vous êtes abusés, vous avez eu peur d'un fantôme, et la diversité seule des systèmes aurait dû suffire pour vous rassurer.

Il ne faut pas avoir peur des idées. C'est là un acte de faiblesse indigne de notre nature. Les idées, il faut les regarder en face, les discuter; alors on les voit telles qu'elles sont; alors on examine, on compare, on juge; et, quand on en est là, je vous l'assure, on ne s'effraie pas.

D'ailleurs, est-ce que dans le monde des idées, et lorsqu'il s'agit d'un vaste problème à résoudre, il n'arrive pas souvent de dépasser le but? Est-ce qu'une idée qui se croit juste et qui se voit méconnue, calomniée, ne s'exaspère pas? Est-ce qu'il est possible d'arriver d'un seul bond à la vérité? Est-ce que ce grand but vers lequel on doit tendre sans cesse n'est pas quelquefois le travail de toute une époque, souvent même de plusieurs générations; et vous voudriez que par un effort surhumain, contraire à la nature de l'homme, qui consiste à *chercher* avant de *trouver*, à la loi du progrès, qui le veut ainsi, la vérité sortît toute armée, d'un cerveau humain? Cela ne serait ni juste, ni raisonnable. Étudiez l'histoire des idées, les causes de leur formation, les lois de leur développement, et vous verrez que toujours il en a été ainsi.

Cette élucubration incessante de la pensée humaine, c'est le métal en fusion qui brise le creuset dans lequel il est renfermé avant de devenir une œuvre d'art qu'on admire ; c'est le fleuve mugissant qui déborde avant d'avoir trouvé un lit dans lequel il puisse rouler ses ondes pures et bienfaisantes ; c'est l'enfant venant au monde qui déchire les flancs de sa mère dont il sera plus tard le protecteur et l'appui ; c'est le son inégal, monotone, des accords qui précèdent l'harmonie ; c'est le globe incandescent lancé dans l'espace, se refroidissant et devenant habitable et fertile ; l'histoire des idées, c'est l'histoire de toute Genèse, de toute création. L'homme peut-il ne pas avoir été enfant?

Eh bien, le socialisme a été enfant aussi ; son développement a été long, laborieux, difficile ; il a crié, crié bien fort, crié à faire peur ; il a mordu à droite et à gauche, souvent même à emporter le morceau ; mais l'enfant a grandi, il est devenu un homme, il a revêtu la robe virile, il s'appelle aujourd'hui : ORGANISATION DU CRÉDIT !

Et maintenant, s'il était encore des républicains qui se refusassent à vouloir l'organisation du crédit, ou à la vouloir de manière à ne pas donner *à chacun l'instrument du travail*, je leur dirais : Vous êtes des réactionnaires déguisés en républicains ; votre place est marquée dans les rangs de la réaction future ; hâtez-vous de changer de camp avec armes et bagages : la démocratie est une langue que vous ne savez pas même bégayer ; allez, vous n'êtes pas républicains.

. . . .

. . . .

Le socialisme a traversé la période critique, la période des négations ; il entre maintenant dans la période organique, qui est celle des affirmations : ainsi, on l'a vu nier la propriété, le capital, le droit d'hérédité, l'intérêt des capitaux, toutes choses qui doivent être affirmées ; on l'a vu s'attacher à supprimer la concurrence, conséquence nécessaire de la liberté du commerce et de l'industrie ; on l'a vu organiser, réglementer le travail qui doit rester libre.

Toutes ces choses, qui pour beaucoup sont inexplicables, ont cependant leur raison d'être. L'humanité, en cours de développement, cherche ses voies. Avant de remonter aux causes premières, qu'elle ne connaît pas encore, elle s'attache aux effets, elle les discute, les analyse, et par cela même qu'elle ne les trouve pas à sa convenance, elle nie les causes apparentes individuelles et secondaires qui les engendrent. C'est ce qui constitue la période des négations. Eh bien, le socialisme n'a pas échappé à ce procédé, qu'on pourrait appeler une loi de logique vulgaire. Il a dit : La propriété, le capital oppriment le travail, et il a nié le capital et la propriété. L'intérêt des capitaux est une rente que le travail paie au capital, et il a nié l'intérêt des capitaux. L'hérédité est un moyen de perpétuer dans les familles le privilége capitaliste et l'oisiveté, et il a nié l'hérédité. La concurrence est désastreuse, il a nié et supprimé la concurrence. Le travail est livré à lui-même, sans guide, sans appui, il est morcelé, il a voulu organiser, réglementer le travail et constituer l'association. La société est individualiste, et il a constitué une société communiste.

En cela, le socialisme a fait du simplisme et pas autre chose.

Eh bien, le temps est venu de changer de méthode et de langage. Le simplisme doit être remplacé par l'idée composée. Ce n'est plus aux causes apparentes, individuelles et secondaires qu'il faut remonter, mais à la cause indirecte, collective et supérieure; il ne faut plus nier, mais affirmer, et alors on sera dans le vrai.

Pourquoi la propriété et le capital sont-ils oppresseurs? Parce qu'ils constituent un privilége au profit de quelques-uns. Il faut donc les généraliser et en faire un droit pour tous. Pourquoi l'intérêt des capitaux pèse-t-il sur le travail? Parce qu'il est la conséquence du privilége capitaliste. Il faut donc universaliser le privilége pour qu'il amène la diminution progressive du taux de l'intérêt. Le travail est opprimé, il ne faut ni l'organiser, ni le réglementer, il faut le rendre libre. La concurrence est funeste, pourquoi? Parce que la pénurie des capitaux porte les industriels à falsifier les produits, à les livrer à bas prix, afin de réaliser pour faire face aux échéances, et que, dans l'état d'insolidarité où nous vivons, nul n'est assuré de son lendemain. Il faut donc organiser le crédit et constituer la solidarité; alors la concurrence deviendra émulative et féconde autant qu'elle est anarchique et désastreuse aujourd'hui.

Voilà ce qu'il faut dire. Que les affirmations remplacent les négations, et le problème est résolu.

Disons donc :

Respect à la propriété;

Au capital;

A l'hérédité;

Liberté du travail;

Concurrence;

Organisation du crédit;

Solidarité.

La société ne doit être ni communiste ni individualiste, ou plutôt elle doit être l'une et l'autre : communiste pour les choses communes, individualiste pour les choses individuelles. Il faut donc s'attacher à déterminer les choses communes et les choses individuelles; en d'autres termes, préciser ce qui est du domaine de l'État, et ce qui est du domaine de l'individu. C'est ce que nous ferons lorsque nous traiterons la question du gouvernement.

Le socialisme a mis tour à tour en relief chacun des trois termes de la formule républicaine : ainsi, le communisme, s'inspire surtout de la fraternité; Louis Blanc, de l'égalité; Proudhon, de la liberté. Fourier, tout en ayant précédé ces socialistes dans la carrière, peut, jusqu'à un certain point, être considéré comme reliant toutes ces écoles; quoiqu'il en soit, la vérité ne peut être exclusivement dans l'une d'elles, mais dans leur ensemble.

Toutes les nuances au point de vue spéculatif servent le progrès; toutes ont leur raison d'être, leur utilité. Tous les hommes ne se laissent pas également impressionner; la diversité de leur nature ne le permet pas : l'un est plus accessible au sentiment de liberté, l'autre à l'égalité, tel autre à la fraternité; les esprits vraiment synthétiques sont rares. Il est bon dès lors de parler à chacun son langage, de faire vibrer toutes les cordes de cet immense clavier qu'on appelle l'âme humaine. Mais la diversité des écoles, qui est un bien dans la phase critique, par cela même qu'elle fournit des éléments à la synthèse, est un danger lorsqu'on veut faire prévaloir l'une d'elles, dans la phase organique qui doit précéder l'application. Si la partie essaie de dominer le tout, il y a discordance, défaut d'harmonie : l'élément discordant est un wagon qui déraille lorsque la locomotive ne demande qu'à suivre sa voie; c'est un cheval capricieux qui s'obstine à tirer à droite ou à gauche, et fait obstacle à la traction du véhicule.

CHAPITRE XIII

Causes de la misère. — Remèdes.

Les causes de la misère sont au nombre de neuf; les unes sont indirectes et secondaires, les autres directes et principales.

Les causes indirectes et secondaires sont :

1° L'ignorance ;

2° Le mauvais vouloir des gouvernements ;

3° L'élévation et l'inégale répartition de l'impôt ;

4° L'énormité du budget de la chicane ;

5° L'absence de liberté.

Les causes directes et principales sont :

1° L'insuffisance des salaires ;

2° Le chômage ;

3° Les prélèvements que le capital fait sur le travail ;

4° L'insuffisance de la production.

Un bon système d'enseignement gratuit, à tous les degrés, aura raison de l'ignorance.

Le raison publique et au besoin les révolutions feront justice des mauvais gouvernements.

Un impôt unique, peu élevé et justement réparti remédiera au régime actuel.

Une réforme judiciaire radicale, vraiment démocratique, viendra remplacer l'organisation judiciaire qui nous régit, plus hostile encore à la propriété qu'au travail, et qui n'est, sous des noms différents, que le replâtrage des institutions judiciaires d'avant 1789.

La République fondera la liberté absolue ; la liberté absolue est tout à la fois le principe, les moyens et le but de la démocratie.

Voilà les remèdes aux causes secondaires de la misère.

Pour les causes principales, il suffit pour les faire cesser d'une bonne organisation du crédit.

Expliquons-nous.

Dans l'ordre économique, tout homme est à la fois producteur et consommateur.

L'homme dépourvu de capitaux ou de crédit, et le nombre en est grand, ne peut consommer que tout autant qu'il produit. Je rejette l'aumône, qui est une charge pour la société en même temps qu'une humiliation pour une créature humaine ; elle est impuissante d'ailleurs à résoudre le problème. Si donc on met cet homme à même de produire selon la mesure de ses forces, par cela seul on le met à même de consommer selon ses besoins et encore d'épargner.

Cela est de toute évidence.

Comment donc mettre l'homme en état de produire? En lui procurant l'instrument du travail.

Qu'est-ce que l'instrument du travail? Ce sont les matières premières, les outils, les locaux, etc. Avec quoi peut-on se procurer toutes les choses? Avec de l'argent ou du crédit?

Donc il faut organiser le crédit.

Nous verrons plus tard qui devra faire le crédit.

Ici plusieurs objections se présentent. Ce n'est pas tout de produire, il faut encore écouler. Combien ne voit-on pas d'agriculteurs, d'industriels, de commerçants encombrés de produits, qu'ils ne peuvent réaliser ; mais s'il en est ainsi, c'est parce que *quelques industries seulement* ont produit à l'exclusion du plus grand nombre; alors il arrive naturellement que l'équilibre est rompu, les unes souffrent du chômage des autres, et, telle est la force de la loi de solidarité, qu'elle se fait sentir partout. Les industries qui ne produisent pas, ou qui produisent médiocrement, portent préjudice aux autres, parce que les travailleurs appartenant à la première catégorie ne peuvent se procurer les objets fabriqués, qui dès lors restent entassés dans les fabriques et les magasins ; mais que toutes les industries produisent en abondance, et alors chacun étant à la fois producteur et consommateur, l'équilibre se rétablira et les produits se consommeront.

Qu'on ne craigne jamais de trop produire. Sur trente-six millions d'habitants dont se compose la France, un million excepté, tout le reste serait susceptible, sans tomber dans les prodigalités, de consommer quatre fois plus qu'il ne le fait en ce moment.

Qu'on songe qu'en France le tiers des habitants

n'a pas même en nourriture la moitié de ce qui serait nécessaire à sa subsistance.

Le Créateur a bien fait toutes choses. Par une sage prévoyance, les forces humaines ont été combinées de telle façon que la consommation doit être nécessairement en raison des forces productives.

Dieu n'a pu vouloir qu'un homme ne pût consommer tout ce qu'il pourrait produire : les choses s'harmoniseront, s'équilibreront d'elles-mêmes, par le seul fait de la spontanéité humaine mise en jeu, et sans qu'il soit besoin de mesures réglementaires ou de décrets législatifs.

Nul n'a compétence pour intervenir dans une œuvre de cette nature, à moins qu'il n'ait l'outrecuidante prétention de corriger Dieu.

Qu'on ne craigne pas que telle profession soit encombrée lorsque d'autres manqueront de personnel. Dieu, en créant des aptitudes diverses, leur a nécessairement réservé un emploi utile et harmonique. Que chacun, dans le choix d'une profession, suive son penchant et ses goûts, et aucune d'elles ne sera en souffrance.

Le mal humain n'a d'autre cause que de s'être éloigné de la loi naturelle. Tendre à y rentrer d'une manière incessante, doit être la préoccupation de tous ceux en qui les conventions sociales n'ont point étouffé la voix de la nature.

D'ailleurs la production et la consommation ne sont pas susceptibles d'être réglées ou réglementées. Agir ainsi, ce serait porter à la liberté l'atteinte la plus grave. Se figure-t-on l'État ou une administration quelconque, tantôt limitant la production et la consommation, tantôt ordonnant qu'elles atteindront telle quantité; le tout accompagné de pénalités qui seules pourraient rendre ces mesures obligatoires. Se représente-t-on ces pachas économiques, despotes d'une autre espèce, pénétrant dans les ateliers, les comptoirs, les magasins, scrutant toutes les opérations, poinçonnant, mesurant, jaugeant, surveillant; disant à l'un : Toi, tu produiras à raison de mille ; toi, à raison de cinq cents ; toi, à raison de cinquante seulement. Et de quel droit, Messieurs, venez-vous apporter des entraves, assigner des limites à ma faculté de produire; de quel droit me contraignez-vous à produire plus que je ne peux ou ne veux? Ce serait là, il faut l'avouer, une singulière manière d'entendre la liberté; mais je veux passer sur l'atteinte au principe et me placer pour un moment au point de vue de la possibilité du fait. Eh bien, je défie tous les économistes présents et futurs, fussent-ils membres de l'Académie des sciences morales et politiques, tous les docteurs en socialisme imberbes ou barbus, de me faire connaître *le moyen* — autre que le crédit — d'équilibrer la production et la consommation, non-seulement de la France, mais de la plus petite commune ; et, s'ils y parviennent, je m'engage à découvrir sous trois jours la quadrature du cercle ou la pierre philosophale.

Et pourtant, j'ai vu cette prétention monstrueuse de régler la production écrite quelque part dans un livre sérieux, par un homme sérieux. J'aurai la générosité de taire ici son nom; mais je lui dirai : A la seconde édition de votre livre, déchirez ce malencontreux feuillet, et allez apprendre l'économie sociale à l'école de la liberté.

Par l'organisation du crédit, la production prend un essor prodigieux; tout fleurit, tout prospère : l'agriculture, le commerce, l'industrie, les sciences et les arts. Le crédit, c'est le mouvement, c'est la vie; c'est l'agent actif de la circulation qui permet de mettre en mouvement *des valeurs existantes*, et de créer des valeurs qui *n'existaient pas, qui n'eussent jamais existé* sans lui. Le crédit est au corps social ce que le sang est à l'organisme humain; que la circulation du sang soit ralentie et l'individu est malade, qu'elle s'arrête et il meurt. Eh bien, notre société n'est malade que parce que le crédit n'existe pas. Qu'il se constitue, et la santé succède à la maladie, le bien-être à la gêne, l'abondance à la misère, la vie à la mort. Le crédit, c'est le travail se faisant crédit à lui-même; c'est le travail d'hier venant en aide au travail d'aujourd'hui, à celui de demain; c'est la fraternité transportée dans l'ordre économique, l'égalité entre tous les éléments de la production, la liberté pour tous les travailleurs.

Dans la société actuelle, le crédit, à vrai dire, n'existe pas. Le cultivateur qui a besoin de capitaux pour améliorer son champ, ne peut s'en procurer que sur hypothèque et à des conditions désastreuses. Les prêts hypothécaires, par suite des formalités dispendieuses qu'ils entraînent, élèvent, en moyenne, le taux de l'intérêt à 18 pour 100; l'industriel, le commerçant, à moins de solvabilité notoire, trouvent, il est vrai, à emprunter à de meilleures conditions; mais encore faut-il qu'ils présentent du papier à trois signatures. Quant aux travailleurs de la matière ou de l'esprit, nul crédit pour eux. Pour eux, le chômage; pour eux, la misère avec toutes ses horreurs. Que leur sert d'avoir des bras et une intelligence? Ils n'en trouvent point l'emploi. Le crédit leur permettrait de créer d'innombrables richesses qui profiteraient à tous en même temps qu'à eux-mêmes. Le crédit, démocratiquement organisé, constituerait au profit de la société un prêt à gros intérêts; mais non, pas de crédit au *travail actuel*, pas de crédit au *travail futur*, qui ne présentent ni hypothèques, ni trois signatures, ainsi le veut l'économie malthusienne.

La Banque de France, constituée par les lois du 24 germinal an XI et 22 août 1806, facilite, nous ne pouvons le nier, le cours des relations industrielles; mais elle ne donne le crédit qu'à ceux qui l'ont déjà. Le haut commerce seul profite de cette institution; mais la grande question est de transformer le crédit et de le donner à ceux qui aujourd'hui ne peuvent l'obtenir, ou ne l'obtiennent qu'à des conditions onéreuses. Sous le nom pompeux de *Banque de France*, c'est toujours le crédit privé, restreint, limité, fait par une compagnie d'actionnaires qui, soit dit en passant, n'a pas peu bénéficié du privilége qui lui a été octroyé, car les actions qui étaient originairement de 1,000 francs, se cotent aujourd'hui à la Bourse 2,400 francs.

Il faut donc substituer au *crédit privé* le *crédit public*, qui n'existe pas en France ; il faut le constituer sur de très-larges bases, de manière à vivifier tout à la fois l'agriculture, le commerce, l'industrie, le travail... surtout le travail!

CHAPITRE XIV

Du crédit.

Toutes les richesses sociales proviennent du travail, et rien que du travail. Le crédit ne produit rien par lui-même ; il n'est que le *moyen* à l'aide duquel s'opère la production ; le crédit est en un mot l'*instrument du travail.*

Le crédit a donc pour objet la création des produits ; il a en outre pour but immédiat la circulation de valeurs et l'accroissement de la richesse générale ; pour but final et suprême, l'abolition de la misère.

Le crédit ne peut opérer qu'à l'aide de valeurs existantes, la terre, les maisons les matières premières, etc. ; c'est lui qui dégage la valeur de ces éléments pour la jeter dans la circulation; mais comme la fonction du crédit ne peut être de prêter en nature, terres, maisons, matières premières, il en procure la valeur représentative au moyen du numéraire ou de la monnaie de papier, suffisamment gagée, à l'aide desquels l'emprunteur se pourvoit des objets dont il a besoin pour exercer la seule faculté productive qu'il possède, le travail.

Le crédit doit donc s'étendre à tous les éléments de la production; il faut organiser le crédit foncier, le crédit mobilier et le crédit personnel; en d'autres termes, il doit être fait crédit à l'immeuble, au meuble ou produit et à la personne.

Ici une question d'une extrême importance se présente, qui doit faire le crédit? Est-ce l'État, est-ce la commune, est-ce l'individu?

Jusqu'à ce jour cette question s'est rattachée à une question de principes d'une grande importance aussi; jusqu'ici la question économique a été absorbée par la question politique.

Les partisans des réformes par l'initiative de l'État ont constitué *l'État* le distributeur du crédit; les partisans des réformes par l'initiative individuelle désignent *l'individu*; il en est d'autres enfin qui adoptent un système mixte qui ne tient ni de l'État ni de l'individu, mais qui participe de l'un et de l'autre. Ceux-là désignent comme devant faire le crédit *la commune,* qu'ils prennent pour base et pour théâtre de toute réforme.

Nous pensons que la question économique doit se

dégager complétement de toute préoccupation politique, et que, quel que soit le système politique que l'on adopte, la question du crédit doit rester ce qu'elle est en réalité, une *question pratique;* d'ailleurs, nous croyons qu'il n'y a pas à choisir, et que celui-là seul qui *peut* faire le crédit doit le faire.

Donc, au lieu de dire qui *doit* faire le crédit, on devrait se borner à dire qui *peut* le faire. La question de principes doit céder le pas à une question de *nécessité*

Pour faire le crédit, il faut évidemment, dans les premiers temps surtout, des ressources immenses. Ces ressources ne sont évidemment ni dans les mains des individus ni dans celles des communes, elles sont dans les mains de l'État.

La démocratie ne peut attendre le crédit de ses adversaires; or, la démocratie, quoique riche, très-riche d'idées et de sentiments, est pauvre, très-pauvre en ressources pécuniaires. Les possesseurs du privilége capitaliste ne consentiront jamais à se suicider. Nous ne sommes plus au temps où les privilégiés déposaient eux-mêmes leurs priviléges sur l'autel de la patrie. L'élite de la noblesse française, éclairée par la philosophie et entraînée par un sentiment irrésistible de justice, a pu accomplir jadis ce généreux sacrifice; la noblesse des écus n'entend pas de cette oreille; il n'y a donc rien à attendre de ce côté.

Les ressources des communes sont insuffisantes; celles qu'elles possèdent représentent tout au plus un milliard; or, cet actif d'où il serait très-difficile de dégager une valeur circulante de pareille somme, serait évidemment d'un trop faible secours.

Il n'en est pas de même de l'État.

Indépendamment des ressources que peut lui procurer l'impôt, de celles qui résulteront pour lui des bénéfices des chemins de fer et des assurances, qui doivent nécessairement rentrer dans son domaine, l'État possède en immeubles, matériel ou mobilier une valeur de 10 milliards 50 millions *. Nul ne possède autant de ressources, nul ne jouit d'un crédit plus considérable.

Celui qui écrit ces lignes ne saurait être suspect de partialité en faveur de l'État, car il ne l'aime pas, par cela seul qu'il aime beaucoup la liberté. Et c'est parce qu'il lui paraît impossible qu'il en soit autrement, qu'il veut lui confier le soin de faire le crédit.

Qu'on nous démontre que l'organisation du crédit est possible autrement que par l'État, et nous serons heureux d'abandonner notre opinion sur ce point.

Mais, dira-t-on, l'État ne peut faire le crédit. Les intérêts de la dette flottante et consolidée sont ins-

* DOMAINE PUBLIC.

Terres et bois.	1,100,000,000 fr.
Édifices publics	2,000,000,000
Bâtiments militaires.	1,500,000,000
Fortifications.	3,000,000,000
Routes, chemins, canaux.	1,500,000,000
Matériel de la guerre.	350,000,000
Matériel de la marine.	500.000,000
Mobilier des administrations.	100,000,000
Valeur totale. .	10,050,000,000 fr.

crits au budget de 1851 pour une somme de 270 millions ; ces intérêts, calculés en moyenne à 4 pour 100, représentent un capital de 6 milliards 750 millions. Cette situation ne saurait faire obstacle à l'organisation du crédit par l'État. Une liquidation préalable devra avoir lieu ; quoi qu'il advienne, elle est indispensable. Si donc on déduit le passif de l'actif que nous avons porté à 10 milliards 50 millions, il reste 3 milliards 300 millions, somme plus que suffisante pour organiser le crédit ; nous ferons d'ailleurs observer que dans l'évaluation que nous avons rapportée de l'actif de l'État ne figurent pas les joyaux de la couronne ni une multitude d'autres valeurs, telles que bibliothèques, objets d'art, etc., etc., qui en augmentent nécessairement le chiffre.

Rien n'empêche, d'un autre côté, que l'État prenne des délais pour rembourser ses débiteurs. Le crédit moral de l'État, toujours considérable par cela même qu'il représente la collectivité, loin d'être altéré par une liquidation, ne pourra que s'accroître du moment où une situation nette et précise succèdera à une situation embrouillée.

Mais, dira-t-on encore, le domaine de l'État est inaliénable? Je le reconnais ; l'ancien droit public, confirmé par l'ordonnance de 1566, nous a légué cette tradition ; mais comme cette inaliénabilité est de *droit civil*, et que le droit civil peut être changé, surtout lorsque les circonstances l'exigent impérieusement, le domaine de l'État sera déclaré aliénable. Rien n'est plus facile, un décret suffit.

Il a fallu toute l'impéritie de nos prétendus hommes d'État pour laisser empirer à ce point la situation de nos finances. Que penser de la capacité financière de ces hommes politiques qui, en pleine paix et malgré l'énormité de leurs budgets, ont, par des découverts annuels, amené un pareil résultat. Un système financier qui se traduit par un déficit annuel toujours croissant est d'hors et déjà irrévocablement condamné. La postérité, qui déjà commence pour les personnages auxquels je fais allusion, les jugera sévèrement sous le double rapport de la capacité et de la moralité, et ce sera justice.

Voici comment nous concevons le rôle que chaque élément dont se compose le pays doit jouer dans la question économique : l'État fait le crédit, la commune le distribue, l'individu en profite.

Nous ferons remarquer qu'ainsi envisagé, le rôle de l'État ne saurait être dangereux. La commune, qu'il faut en définitive organiser, ne fût-ce que pour servir de rempart à la démocratie, sera un intermédiaire d'autant plus utile qu'ayant une connaissance parfaite des individus qui réclameront le crédit, le crédit se distribuera équitablement et en pleine connaissance de cause ; la commune tempérera ce qu'il pourrait y avoir d'arbitraire dans le monopole de l'État; elle sera l'arbitre naturel entre l'État et l'individu.

L'importance de la commune, qui n'a pas encore de vie propre, s'accroîtra d'autant. La démocratie ne peut que gagner à ce rôle nouveau de la commune distributrice du crédit.

Le percepteur de la commune serait de droit directeur de la comptabilité; il distribuerait le crédit aux individus que désignerait le conseil municipal et dans les proportions que celui-ci indiquerait. Il y aurait deux sections de comptabilité, celle de la commune et celle de l'État. Il pourrait être adjoint à ce fonctionnaire un contrôleur ou inspecteur de finances, qui représenterait plus spécialement les intérêts de l'État et serait nommé par lui. Au surplus, ce sont là des questions de détail assez indifférentes.

La commune, telle que nous l'entendons, n'est pas cette agglomération restreinte de population qui existe aujourd'hui; ce n'est pas cet embryon, sans vie, sans spontanéité, sans lien avec la métropole, livré à la tutelle d'un préfet, presque toujours étranger au pays, espèce de *tranche-tout* irresponsable, que le monopole gouvernemental absout d'avance; ce serait une agglomération de 18,000 âmes environ, occupant une superficie moyenne de 264 kilomètres carrés, fournissant 5,625 électeurs, une force militaire de 2,680 hommes (de 20 à 40 ans), 1,100 enfants de chaque sexe (de 9 à 16 ans), ayant une municipalité sérieuse, un enseignement public, etc. La commune ainsi constituée prendrait le nom de commune-canton; elle serait à peu près ce qu'est aujourd'hui le canton. Le canton actuel, à peu d'exceptions près, pourrait être conservé comme devant servir d'élément à la nouvelle organisation communale. La commune actuelle prendrait le nom de *section de commune* et n'aurait qu'un état civil*.

Deux publications importantes viennent de paraître sur le crédit : l'une de M. Victor Considerant, ayant pour titre *les Quatre Crédits*; l'autre de M. François Vidal, intitulée *Organisation du Crédit*.

Ces deux publications, remarquables à tant de titres et conçues à un point de vue différent, jettent une vive lumière sur cette question, appelée à concentrer désormais toute l'attention de l'économie sociale. Nous considérons l'organisation du crédit comme le trait d'union destiné à relier toutes les nuances du socialisme, je dirais même de la démocratie, si socialisme et démocratie n'étaient, au fond, la même chose.

Disons, en quelques mots, comment MM. Considerant et Vidal entendent l'organisation du crédit.

M. Considerant demande que les entraves juridiques qui s'opposent à la création du crédit foncier soient levées ;

Que la Banque de France cesse de monopoliser la faculté d'émettre des billets au porteur et payables à vue ;

Que les producteurs agricoles et manufacturiers soient autorisés à organiser dans chaque arrondis-

* Voir, pour l'organisation de la commune, l'ouvrage que mes honorables amis Bellouard, Charassin, Renouvier, Fauvety, etc., viennent de publier sous le titre d'*Organisation communale et centrale de la République*. La faible part que nous avons prise à ce travail nous interdit son éloge.

sement des chambres de l'agriculture et de l'industrie, comme les négociants ont leur chambre de commerce;

Que toute banque fondée sur un dépôt légalement suffisant de rentes territoriales soit autorisée à émettre des billets au porteur payables à vue.

A l'aide de ces banques, fondées par actions, M. Victor Considerant distribue le crédit à l'immeuble, au meuble engagé, au meuble libre ou produit, au travail.

M. Considerant ne fait intervenir l'État en aucune façon dans l'organisation du crédit; il suppose que les actionnaires pourront facilement réaliser les fonds nécessaires pour les opérations des banques.

Quant à nous, nous ne le pensons pas.

La France est le pays de l'idée, c'est vrai, mais aussi le pays de la routine par excellence.

Nous sommes tout à la fois très-audacieux sur le terrain de la spéculation et très-rebelles aux innovations, surtout quand il s'agit de les mettre en pratique.

Nul ne consentira d'abord à se dessaisir pour recevoir ensuite. L'initiative individuelle sur ce point est entièrement rétive.

D'ailleurs, la démocratie est pauvre, ne l'oublions pas.

Je doute fort qu'il soit possible de réaliser la centième partie de ce qui serait nécessaire pour faire fonctionner les banques.

Mais j'admets qu'elles puissent se constituer.

Qu'aurez-vous fait? Vous aurez créé des banques se faisant concurrence et battant monnaie à l'aide du papier à vue ou à terme qu'elles émettront.

Ne craignez-vous pas que si l'une d'elles vient à faillir, le crédit des autres n'en soit ébranlé?

Ne craignez-vous pas que tant de billets jetés en même temps sur toutes les places n'entraînent une déplorable confusion et de fâcheuses méprises?

Ne craignez-vous pas qu'à la moindre secousse politique vos banques ne restreignent leurs opérations et ne paralysent le travail? Le crédit privé est de sa nature soumis aux variations de la politique; un passé récent est là pour nous en convaincre. Le crédit public seul est à l'abri de ces oscillations, parce qu'il a une mission sociale à remplir, et que si, par événement, quelques indices de méfiance se faisaient sentir, en donnant aussitôt plus d'extension à ses opérations, il ramènerait promptement la confiance.

Ce n'est pas tout. Il ne s'agit pas seulement d'organiser le crédit pour l'agriculture, l'industrie, le commerce; il s'agit encore, il s'agit surtout de l'organiser pour le travail : il s'agit de faire crédit au *travail futur.*

Or, sera-ce une banque d'actionnaires qui se chargera de ce soin? Non.

Il y aura des pertes dans le principe, cela est inévitable. La banque voudra-t-elle les supporter, le pourra-t-elle? Non.

L'État peut perdre, les particuliers ne le peuvent pas.

Quelques centaines de mille francs de plus ou de moins dans les caisses de l'État, c'est peu.

Pour une banque d'actionnaires, c'est quelquefois la ruine.

Solidariserez-vous les banques? Mais, par le fait même de la solidarité, la situation est la même, les pertes ne sont pas moindres, et si elles n'ébranlent pas telle ou telle banque particulière, en définitive, la perte retombe toujours sur les individus.

L'organisation du crédit par l'État a cet immense avantage, que le principe de la solidarité humaine reçoit une complète satisfaction sans que les intérêts individuels en soient directement atteints; tous font crédit à chacun, et cependant personne en particulier ne se trouve lésé par suite des pertes qui peuvent avoir lieu et qui, réparties sur la masse par le seul fait de la continuation du crédit à celui qui n'aura pas démérité, deviennent insensibles.

La solidarité sagement entendue est une loi juste et bienfaisante; mais il ne faut pas qu'elle devienne une prime d'encouragement à la paresse, à l'ineptie, à la mauvaise foi; il ne faut pas qu'à l'ombre de cette loi la responsabilité humaine disparaisse; il faut, en un mot, concilier ces deux termes, qui semblent s'exclure : *solidarité* et *responsabilité*.

Aussi, nous pensons que le crédit devra être fait à tous; mais il ne devra être répété, en cas d'insuccès, qu'à ceux qui justifieront avoir fait tout ce qui aura dépendu d'eux pour prospérer. Le conseil chargé de la distribution du crédit statuera souverainement à cet égard.

M. Considerant, en constituant ses banques par actions, a voulu sans doute rendre hommage au principe de la liberté commerciale; voilà pourquoi il a dit, avec M. Frédéric Bastiat et autres économistes de son école : *liberté des banques.*

Mais qu'on ne s'y trompe pas; en cette matière, le principe de liberté ne peut recevoir son application. Pourquoi? Parce que la situation économique actuelle est éminemment subversive; parce que l'instrument du travail est aux mains de quelques privilégiés qui ne voudront pas fournir des armes contre le privilége aux vingt six millions de *meurt-de-faim* qui, le lendemain de la révolution, viendront s'écrier : *A moi l'instrument de travail !*

Lorsque le crédit aura été donné à tous, et que, par l'accroissement considérable de la richesse publique qui en résultera, il aura été possible à chacun de vivre convenablement et d'épargner ; lorsqu'il se sera écoulé quelques années pendant lesquelles l'épargne se sera accrue; lorsque le bien-être aura succédé à la misère; lorsque, en un mot, les choses seront dans leur état normal, que M. Considerant dise : *liberté des banques,* c'est bien, j'applaudirai ; alors je me joindrai à lui pour faire prévaloir ce principe, ou plutôt il ne sera pas même besoin d'en demander l'application, car, par la force des choses, il surgira et s'universalisera de lui-même. Jusque-là, la liberté des banques est une impossibilité.

Passons à M. Vidal.

M. Vidal, lui, n'hésite pas à faire de l'État le distributeur du crédit. Son livre est assurément un des plus sérieux qui aient été écrits sur la matière ; mais il nous permettra de le lui dire, il a envisagé la question à un point de vue trop conservateur, et par cela même la solution qu'il formule offre d'immenses dangers. Qu'on tienne compte du présent, c'est bien, on le doit ; mais on ne le doit jamais quand, en agissant ainsi, on compromet l'avenir. Être révolutionnaire à propos, c'est être quelquefois très-conservateur, et conservateur intelligent.

Le privilége conféré à la Banque de France par les lois des 24 germinal an XI et 22 avril 1806 a été prorogé jusqu'au 31 décembre 1867, par l'art. 1er de la loi du 30 juin 1840.

Néanmoins, aux termes de cette dernière loi, ce privilége peut PRENDRE FIN ou *être modifié* le 31 décembre 1855, s'il en est ainsi ordonné par une loi votée dans l'une des deux sessions qui précéderont cette époque.

Et comme dit M. Vidal : *Ce n'est pas trop de trois ans, peut-être, pour préparer l'opinion publique à une réforme complète du crédit, pour faire comprendre au pays combien il importe que le privilége de la Banque de France soit aboli;* M. Vidal, après avoir posé les bases de l'organisation du crédit tel qu'il le conçoit pour être réalisé après 1855, s'occupe d'introduire quelques réformes dans les statuts qui régissent cette institution, pour la mettre en état, dit-il, de remplir transitoirement, jusqu'en 1856, les fonctions d'une véritable banque nationale.

Les réformes proposées par M. Vidal se réduisent aux cinq points suivants :

1° Augmentation du capital de la banque, qui serait porté à 200 millions;

2° Émission de billets jusqu'à concurrence de 800 millions;

3° Dispense de rembourser les billets à présentation;

4° Autorisation de prêter aux banques immobilières, sur transfert d'obligation, jusqu'à concurrence de 80 millions;

5° Fixation du maximum de l'escompte à 3 pour 100, au lieu de 4, qui est le taux actuel.

Ces réformes, d'après M. Vidal, auraient pour les actionnaires les avantages suivants :

L'augmentation du capital permettrait à la banque d'émettre de nouvelles actions à primes; ces actions seraient réservées par privilége aux actionnaires actuels, et comme les actions se cotent à la Bourse 2,300 ou 2,400 francs, ce serait un bénéfice net de 13 ou 1,400 francs pour chaque action.

L'extension des émissions et des opérations de la banque, l'autorisation de prêter aux banques immobilières une somme inférieure à celle que la banque avait consenti à prêter à l'État, tous ces avantages se traduiraient en bénéfices pour la banque.

La dispense de rembourser les billets à vue lui serait favorable sous tous les rapports et ne porterait aucun préjudice à son crédit.

3 pour 100 d'intérêt sur 800 millions donneraient à la banque une somme supérieure de profits à ce que pourrait rapporter un intérêt de 4 pour 100 perçu sur 525 millions seulement.

Telles sont les dispositions transitoires que M. Vidal propose pour arriver au mois de janvier 1856.

Dans tout cela, je vois deux choses. D'un côté, des avantages plus ou moins grands pour la banque; de l'autre, un prêt *facultatif* de 80 millions à l'agriculture et une diminution de 1 pour 100 sur le taux de l'intérêt, qui serait réduit dès lors à 3 pour 100.

Et c'est avec de pareilles modifications que M. Vidal espère faire patienter le peuple jusqu'en 1856; en vérité, c'est à n'y pas croire. Que dis-je? mais pour qu'un pareil projet pût recevoir son exécution, il faudrait que la banque y donnât son adhésion; et si, malgré les avantages que vous lui proposez, elle refuse... que ferez-vous?

Et elle refusera. Croyez-vous que, pour les avantages éphémères que vous lui proposez, elle prête les mains à sa propre destruction; que de conservatrice qu'elle est, par sa nature, par son personnel, par ses intérêts évidents, elle entre dans la voie de la révolution, et en favorise, même d'une manière insensible, le développement? Détrompez-vous...

Mais j'admets qu'elle accepte; pensez vous que le peuple attende jusqu'en 1856 la réalisation du droit au travail?

Et qu'aurez-vous fait pour lui? qu'aurez-vous fait pour la bourgeoisie moyenne et petite qui, le lendemain de la révolution, viendra, elle aussi, réclamer le droit de vivre?

Lorsque le sphinx posera de nouveau son énigme, lorsque vingt-six millions d'affamés viendront revendiquer le droit de ne pas mourir, que leur répondrez-vous?

Vous leur direz sans doute : « Mes amis, *ce n'est pas trop de trois ans pour préparer l'opinion publique à une réforme complète du crédit, pour faire comprendre au pays combien il importe que le privilége de la Banque de France soit aboli.* »

A l'agriculture aux abois, vous répondrez : « La Banque de France *a la faculté* de prêter aux banques immobilières 80 millions de francs. »

Au commerce, à l'industrie, au travail qui languissent et meurent faute d'avances, de capitaux, de crédit, vous direz : « Présentez à la Banque du papier à trois signatures connues et elle vous escomptera au taux de 3 pour 100. »

Et vous ne craignez pas alors l'explosion de la colère et de l'indignation publiques, un nouveau juin, pire encore, que sais-je!...

Et cependant ce sera une pensée louable, conservatrice, honnête, qui vous aura dirigé.

Voilà ce que l'on gagne à se faire conservateur quand on devrait être révolutionnaire; au lieu de sauver le pays, on le pousse aux abîmes !

Sachez, Monsieur, vous et tous ceux qui seraient

tentés de vous suivre dans la voie funeste, déplorable où vous vous êtes engagé, que conserver en temps de révolution, c'est compliquer; révolutionner, c'est simplifier.

Sachez que les mesures les plus radicales sont quelquefois les plus conservatrices.

Voyez ce qu'on gagne à faire les choses à demi. Voyez où nous a conduits le modérantisme du gouvernement provisoire et de la Constituante. Comment a-t-on compromis, enterré la révolution ? par des demi-mesures : on a voulu conserver quand il fallait porter une main vigoureuse et hardie sur tous les abus, faire table rase du vieux monde et constituer un monde nouveau, ne pas heurter les droits, les intérêts légitimes, mais se montrer sans pitié pour les priviléges. La France entière, effrayée quelquefois parce qu'on la trompe, est révolutionnaire et très-révolutionnaire, ne l'oubliez pas, car elle applaudit toujours aux révolutions, et en cette occurrence, fatiguée, pressurée, trahie par les satisfaits, elle eût battu des mains, et la révolution se fût consolidée et nous n'aurions vu ni juin 1848, ni juin 1849, ni l'expédition de Rome, ni la mutilation du suffrage universel, ni la suppression de toutes nos libertés.

Voilà où conduit le modérantisme.

Et cet exemple d'hier dont la démocratie française, que dis-je? dont la démocratie européenne porte le poids si douloureux, ne vous a pas découragé pour toujours de faire de la conservation. A quoi servira donc l'expérience, grand Dieu! si nous ne devons pas en profiter.

Deux révolutions populaires escamotées ou perdues en dix-huit ans, c'est trop! c'est trop!

La troisième doit aboutir. Un nouvel avortement nous couvrirait de ridicule aux yeux du monde. Ce serait abdiquer pour toujours.

M. Vidal était sans doute de ceux qui réclamaient, sous le règne de Louis-Philippe, la réforme électorale, l'adjonction des capacités, et cela sous le prétexte qu'il faut accomplir les réformes graduellement et pacifiquement.

Le peuple qui ne comprenait pas qu'on fît tant de bruit pour si peu, se mêle de la chose; il fait une révolution et proclame le suffrage universel.

Eh bien, l'exercice du suffrage universel, malgré ses erreurs, a fait plus en trois ans, pour l'éducation politique du peuple, que n'auraient pu le faire cent ans de constitutionnalisme.

C'est l'exercice du suffrage universel dans le passé qui rendra la révolution inexpugnable dans l'avenir. Sans lui la démocratie n'aurait pas de lendemain, et son réveil, si j'en crois mes pressentiments, n'est pas éloigné.

Avis aux socialistes conservateurs.

Et qu'est-ce qui arrête M. Vidal? Un privilége...

Mais qu'est-ce que la démocratie, si ce n'est la destruction de tous les priviléges au profit de l'égalité.

Qui a constitué le privilége de la Banque de France? Le gouvernement consulaire et l'Empire.

Qui l'a prorogé? La monarchie de Juillet.

Ces gouvernements constitués en hostilité de la démocratie dont ils étaient une audacieuse négation, sont tombés aux acclamations du pays, et vous nous proposez de respecter leurs œuvres.

Vous reconnaisez au peuple le droit de renverser le principe, et vous lui refusez celui de renverser la conséquence.

Quelle singulière logique!

Craindriez-vous de léser ce qu'on appelle des *droits acquis?* Mais on ne peut jamais acquérir des droits au préjudice de la souveraineté ; n'est-elle pas inaliénable et imprescriptible?

Ne trouvez-vous pas, d'ailleurs, que le privilége a suffisamment enrichi ses heureux possesseurs?

La monarchie a fondé et prorogé le privilége de la Banque de France.

La démocratie le détruira parce qu'il constitue un obstacle à l'organisation du crédit.

Les actionnaires peuvent en prendre d'hors et déjà leur parti.

Il n'y a point de droit contre le droit.

En une nuit célèbre, nos pères, les constituants de 89, ont supprimé, *sans indemnité*, la plupart des droits féodaux qui constituaient cependant des priviléges séculaires au profit de nombreuses et puissantes familles dont ils étaient le patrimoine, et nous, leurs enfants dégénérés, après trois révolutions populaires, en 1851, sous la République, nous sommes tenus en échec dans la réalisation d'une idée d'où dépend la vie de tout un peuple, par un privilége né d'hier, le privilége de la Banque de France!...

C'est à confondre la raison!...

Nous venons de signaler l'inanité qui s'attache au projet provisoire de M. Vidal, et le danger sérieux qu'il fait naître. Si nous eussions voulu pénétrer dans les détails, nous n'aurions pas eu de peine à faire ressortir tout ce qu'il y a d'exorbitant dans cette faculté donnée à la Banque de Paris, si improprement appelée Banque de France, de ne pas rembourser les billets à vue. Toute banque ayant un caractère public, et qui n'opérerait que sur des billets à terme, priverait la société d'un des plus puissants éléments d'activité dans les transactions; ce serait annihiler l'institution dans ce qu'elle a peut-être de plus fécond; ce serait arrêter ou tout au moins amortir l'essor de l'activité humaine. Aussi nous n'hésitons pas à dire : sans monnaie de papier, sans billets à vue, point de banque publique.

M. Vidal, dans son projet provisoire, ne fait aucune part au crédit personnel ou moral, et cependant ce crédit, qui intéresse vingt-six millions d'individus, mérite qu'on s'en occupe. Dans son projet définitif, il ne lui accorde même qu'une part très-minime. M. Considerant, lui aussi, dans une certaine mesure, n'est pas à l'abri du même reproche.

M. Vidal prétend que, dans l'état de désordre industriel où nous vivons, le crédit moral est bien difficile, s'il n'est pas impossible. Le crédit moral n'est possible, dit-il, que là où il y a une organisation quelconque de l'industrie, là où le travail est garanti, là où la production et la consommation sont équilibrées.

Mais M. Vidal n'a pas remarqué que le désordre industriel qu'il signale n'a d'autre cause que le défaut d'organisation du crédit. Qu'on organise le crédit; et tout change : la concurrence cesse d'être anarchique pour devenir émulative; l'organisation du crédit, c'est le travail garanti, car alors le travail ne dépend plus que du travailleur, devenu en possession de l'instrument du travail. Par l'organisation du crédit, la production et la consommation prennent un essor prodigieux, et sont équilibrées par ce seul fait que chacun est tout à la fois producteur et consommateur. Ce serait une grave erreur de croire que l'industrie a besoin d'une organisation quelconque, elle n'en est même pas susceptible. On a abusé singulièrement depuis quelque temps du mot organisation : ce n'est pas organisation de l'industrie qu'il faut dire, mais liberté de l'industrie. On ne peut pas plus organiser l'industrie, qu'on ne peut organiser la vie, la liberté; qu'on dise organisation du crédit, cela se conçoit, le crédit est *une institution;* elle n'existe pas, qu'on l'organise, c'est bien; mais le travail est *une faculté;* or une faculté, par cela seul qu'elle existe, a toute l'organisation dont elle est susceptible. Sans doute cette faculté peut être développée, étendue, perfectionnée, mais cette œuvre est du domaine exclusif de l'individu. Que le législateur donne à cette faculté la liberté de se produire, qu'il organise le crédit, et il aura fait tout ce qui rentre dans sa compétence.

Qu'on cesse donc de nous parler organisation du travail, organisation de l'industrie, organisation de l'agriculture; toutes ces choses ressortent de la spontanéité individuelle, et nul n'a le droit d'intervenir en ces matières.

Organisation du crédit et liberté! tout est là; le problème économique ne comporte pas d'autre solution.

Revenons au crédit personnel.

Nous avons déjà fait remarquer que, dans son projet provisoire, M. Vidal ne tient pas compte du crédit personnel; nous avons ajouté que, dans son projet définitif, il ne lui fait qu'une part très-secondaire, très-éventuelle. Voici en effet celle qu'il lui réserve:

« Il sera *successivement* établi, dit M. Vidal *, dans « chaque département, une institution de crédit per- « sonnel; ces institutions seront dotées sur les *béné- « fices nets* de la Banque centrale de circulation.

« La dotation de chaque établissement de crédit « personnel sera d'au moins 100,000 fr.

« Le sort désignera les départements dans lesquels « les premières institutions seront fondées. Le tirage « sera fait par le président de l'Assemblée nationale « en séance publique.

* *Organisation du Crédit*, chapitre VI, page 125.

« Il sera fait chaque année autant d'institutions « qu'on en pourra doter avec les bénéfices nets « de la Banque, jusqu'à ce que chaque département « ait son institution de crédit personnel au capital « de 100,000 fr.

« Quand chaque département aura son institution « de crédit, les bénéfices nets de la Banque de circu- « lation pourront être répartis chaque année, par « l'Assemblée nationale, sur la proposition du mi- « nistre des finances, entre les divers départements, « en raison de la population et en raison des besoins. »

M. Vidal propose de doter les institutions de crédit personnel *sur les bénéfices* de la Banque centrale.

Il faudra donc attendre que ces bénéfices *soient réalisés* pour créer ces institutions.

Le tirage au sort désignera les départements qui devront successivement être dotés des institutions de crédit personnel.

Cette dotation sera de 100,000 fr., et ce ne sera qu'à dater de 1856 que les bénéfices commenceront à se réaliser.

En supposant que les bénéfices nets soient de 5 pour 100 sur le capital de fondation de la Banque que M. Vidal a fixé à 50 millions; ce sera, à raison de 100,000 fr. par département, 25 départements qui pourront être dotés par année, et ce ne sera pas trop de quatre années pour doter nos 86 départements, plus l'Algérie, la Martinique, la Guadeloupe, le Sénégal et les possessions françaises de l'Inde.

Ainsi, pour la France et ses dépendances, l'organisation du crédit personnel n'existera qu'en 1860. Encore chaque département n'aura-t-il à cette époque qu'une somme de 100,000 fr. Cette somme sera évidemment insuffisante : c'est une goutte d'eau dans la mer.

Si M. Vidal dotait chaque département d'un crédit personnel d'un million, à la bonne heure.

Ainsi, tant dans le projet définitif que dans le projet provisoire de M. Vidal, toujours même système, même temporisation, mêmes atermoiements. Pour rester dans les limites de ce qu'on appelle *le possible*, il ne fait rien ou pas assez.

Ce n'est pas ainsi que nous entendons l'organisation du crédit personnel, le plus important de tous, par cela même qu'il intéresse le plus grand nombre d'individus ne possédant ni capitaux, ni instruments de travail, ni crédit.

On peut organiser dès demain les institutions de crédit personnel sur les bases les plus larges et les plus solides.

L'organisation du crédit personnel est un monde nouveau dans lequel on ne doit pas craindre d'entrer, car de lui seul dépend la moralisation de la société française, lui seul peut clore pour toujours l'ère des révolutions, lui seul peut affranchir le travail.

En matière d'organisation de crédit et avec les ressources que nous possédons, tout est possible.

Mais quelle sera la garantie du crédit personnel? Le travail actuel, le travail futur.

Mais le travail actuel n'est pas une garantie suffisante, encore moins le travail futur. Le travailleur peut mourir et avec lui disparaît la faible garantie qu'il pouvait offrir à la Banque?

Mais la Banque ne fera le crédit personnel qu'à ceux dont la vie sera assurée, et alors la prime résultant de l'assurance lui appartiendra de droit.

Le système actuel des assurances sur la vie doit être complété. On doit pouvoir s'assurer non-seulement pour recueillir une prime en cas de survie, mais encore pour en faire surgir une en cas de mort, c'est tout un système nouveau à formuler, mais qui est parfaitement praticable.

L'État serait lui-même l'assureur, et il n'y aurait à opérer en cas de décès qu'un virement de fonds, un changement de destination.

Mais revenons à la garantie que présentent le travail actuel et le travail futur ; je veux démontrer qu'il n'en est pas de plus solide.

Voici un fait que je peux certifier et qui servira à jeter un grand jour sur cette question.

J'ai habité pendant dix ans la ville de Lavaur (Tarn), où j'ai exercé des fonctions publiques. La seule industrie de ce pays consiste dans la filature de la soie. Des familles nombreuses lui doivent leur existence. Ces familles n'ont pas de capitaux; c'est à peine si elles possèdent l'outillage nécessaire. Eh bien, chaque année, bon nombre de ces familles trouvent à emprunter aux capitalistes du pays, souvent même sans leur fournir d'obligation, des sommes de 2,000 fr., 3,000 fr., et quelquefois davantage. La campagne terminée, la vente réalisée, le prêteur est remboursé en capital et intérêts. Il n'est pas d'exemple qu'un seul ait perdu un centime depuis un temps immémorial que ces sortes d'opérations se pratiquent. Pourquoi cela?

Parce que s'il arrivait une fois qu'une de ces familles ne remboursât pas le prêteur, elle perdrait le crédit et avec lui le moyen de vivre en travaillant, parce qu'alors elle se verrait réduite à la misère!

La nécessité de vivre, l'horreur de la misère, ne sont-ce pas là de puissantes garanties!

Lorsque, par inconduite ou mauvaise foi, le travailleur sera déclaré déchu du droit au crédit, qu'on ajoute à cette peine la perte ou la privation pour un temps de ses droits de citoyen; les conseils locaux chargés de la distribution de ce crédit, ne le feront d'ailleurs qu'aux citoyens qui présenteront des garanties certaines de moralité et de capacité.

Et puis, quel puissant moyen de moralisation! Voilà un homme que Dieu a créé pour être libre et heureux; il ne possède rien en ce monde, il est en proie à toutes les nécessités de la vie, aux horreurs de la faim! Déjà il roule dans sa tête de sinistres projets, il médite un délit, un crime peut-être!... Cette créature que Dieu a faite à son image va déchoir, elle est sur le point de perdre ce que l'homme a de plus précieux, l'honneur; la société vient à elle et lui dit : Voilà l'instrument du travail; je te le prête sur la foi de ta moralité, de ton labeur futur;

avec lui, je te procure ton pain de chaque jour, celui de ta famille; avec lui, je te donne quelque chose de bien précieux aussi, la liberté; car désormais tu ne dépends que de toi-même. Va en paix; travaille et que Dieu te protège!

Qu'on ne s'y trompe pas, une telle conduite, un tel langage auraient une incalculable portée.

Qu'on fasse aussi le crédit personnel dans une mesure plus étendue aux associations, et il y aura là encore, dans la solidarité qui sera stipulée en faveur de la Banque, la garantie morale que présente naturellement toute collection d'individus.

Quand on en viendra là, les rédacteurs de statistiques criminelles pourront prendre du repos.

Chose étrange! on consacre tous les ans à l'aumône des sommes fabuleuses; au budget figurent pour une somme considérable les frais de justice criminelle, l'entretien des prisons et des bagnes où languissent des malfaiteurs que le plus souvent la misère a poussés au crime; une armée permanente de cinq cent mille hommes absorbe annuellement 365 millions; l'appareil préventif et répressif fonctionne à grands frais; l'assistance, telle qu'on se propose de l'organiser, absorbera des ressources immenses.

Eh bien, par l'organisation du crédit personnel il n'est plus besoin d'aumônes, d'assistance, d'armée permanente, de bagnes, de prisons, d'appareil préventif et répressif; le vingtième de toutes les sommes dépensées pour prévenir, comprimer et punir, suffirait pour organiser le crédit personnel, et l'on pourrait s'y refuser et on l'ajournerait à 1856, et encore ne l'organiserait-on que d'une manière incomplète et insuffisante ? Cela ne peut se concevoir.

100 millions suffiraient largement pour organiser le crédit personnel, et ces 100 millions économiseraient un milliard, et l'on aurait tout à la fois une société morale et une société d'hommes libres, et l'on aurait fondé pour toujours le bien-être, et avec lui, l'ordre et la paix publique.

Utopie! dira-t-on ; qu'en savez-vous? Essayez.

Le suffrage universel hier encore était une utopie, la République utopie, la vapeur utopie !

Utopie, toujours utopie, c'est le mot des impuissants et des faibles ; c'est aussi, qu'on ne l'oublie pas, le mot du mauvais vouloir.

L'utopie de la veille est la réalité du lendemain; il n'y a entre elles que la différence de la théorie à l'application.

Mais il y aura des pertes ; qui en doute et qu'importe? Il importe peu qu'un individu travaille avec plus ou moins de fruit, l'essentiel est qu'il travaille, parce qu'en travaillant il se moralise et augmente la richesse générale. Le crédit de l'État sera-t-il ébranlé parce qu'il aura à supporter une perte de quelques centaines de mille francs, et serait-on fondé à faire cette objection lorsqu'on voit aujourd'hui des sommes considérables si inutilement dépensées.

C'est une chose étrange, inconcevable, que l'on refuse d'organiser le crédit personnel, sous prétexte qu'il n'offre pas de garanties suffisantes, lorsqu'il est démontré que le travail seul est apte à créer toutes les richesses sociales.

Est-ce que le travail futur n'est pas susceptible de créer des richesses aussi bien que le travail actuel ou passé? La garantie qu'il présente est donc certaine, en ce sens qu'elle se produira inévitablement. C'est une affaire de temps, et pas autre chose.

Au point de vue de l'ensemble, et non à tel ou tel point de vue particulier, dont il serait puéril de se préoccuper, je considère le travail futur comme présentant des garanties aussi certaines que le travail accompli, qui a réalisé un gage certain, mobilier ou immobilier. Pour qu'il en fût autrement, il faudrait que tous les travailleurs, ou tout au moins le plus grand nombre de ceux à qui on aurait fait le crédit, commissent des malversations, ce qui est tout à fait improbable.

Pourquoi les travailleurs réclament-ils si obstinément l'instrument du travail, si ce n'est pour en faire usage?

On peut donc être certain qu'à très-peu d'exceptions près, ils emploieront le crédit qui leur sera fait en achat de matières premières, ou mobilier industriel ; l'État aurait sur tous ces objets un privilége de premier ordre. La garantie réelle surgira donc immédiatement ; les produits viendront incessamment l'augmenter.

Ainsi se rencontreront dans le crédit personnel :

1° La garantie morale résultant du besoin de vivre ;

2° La garantie du privilége sur les matières premières, outillage, machines, etc., etc. ;

3° Les produits qui seront créés chaque jour ;

4° Enfin la clientèle de l'établissement commandité.

Que pourrait-on exiger de plus ?

Bien des gens s'imaginent que, en matière de réformes, il faut procéder progressivement, prendre ce qui est pour point de départ de ce qui doit être. Cette tendance est louable, assurément, et nous serions les premiers à nous y associer si elle ne cachait un grand, un immense danger, et pourquoi le dissimuler, le plus grand danger de l'avenir. Nous connaissons des démocrates très-sincères, parfaitement intentionnés qui voient dans des réformes radicales la perte certaine, inévitable de la démocratie et de la République elle-même.

Nous croyons que c'est là une très-grave erreur, une erreur d'autant plus désastreuse qu'elle aurait infailliblement pour conséquence d'amener, de précipiter même le résultat qu'ils veulent éviter.

La nuance à laquelle je fais allusion aurait pour objet d'introduire une espèce de *juste-milieu* dans la République.

Ce milieu serait à sa place dans une monarchie constitutionnelle.

Dans une République, il n'a pas sa raison d'être, c'est un non-sens.

Expliquons-nous :

La monarchie constitutionnelle n'est autre chose

qu'une transaction entre le principe d'autorité et le principe de liberté. Par la nature de son institution, parce qu'on appelle l'équilibre et la pondération des pouvoirs, elle a pour objet d'améliorer l'ordre social par des réformes prudentes, insensibles, progressives; elle s'appuie sur ce qui est pour le développer et le perfectionner : voilà le but de cette institution. Jusqu'à ce jour elle a cherché vainement à l'atteindre; elle est restée ce qu'elle est, une utopie, une impossibilité; au lieu de pondérer, elle annihile; au lieu de réformer, elle conserve, ou ne réforme que médiocrement et d'une manière insuffisante; aussi trois révolutions en soixante ans lui ont-elles prouvé qu'elle ne répondait ni aux vœux ni aux besoins du pays. Pourquoi ces révolutions? Parce que le milieu qui est la recherche permanente de la monarchie constitutionnelle N'EXISTE PAS.

Parce que, entre l'autorité et la liberté, le bien et le mal, la santé et la maladie, il n'y a pas de milieu.

Parce qu'on ne saurait améliorer ce qui est mauvais en soi, et que ce qui est mauvais doit être détruit, changé.

Voilà précisément pourquoi la République a remplacé la monarchie constitutionnelle.

L'œuvre de la République est de détruire et de réorganiser.

En cherchant ce milieu, cet inconnu, ce néant, la République méconnaîtrait son principe, et s'écarterait de son but, elle serait brisée, sinon comme forme, au moins comme système, comme l'a été la monarchie constitutionnelle.

Ce milieu, cet inconnu, ce néant, c'est la révolution en permanence.

La République n'est pas le milieu entre la liberté et l'autorité.

La République, c'est la liberté.

Elle dit liberté du travail, non pour quelques-uns, mais pour tous.

Voilà pourquoi les ménagements qu'on emploie envers la Banque de France n'ont pas leur raison d'être. Du moment où l'existence de la Banque de France est un obstacle à l'organisation du crédit pour tous, la Banque de France doit être brisée.

Les socialistes conservateurs et les républicains modérés ne sont autre chose, sans le savoir, que des monarchistes constitutionnels.

Si on ménage le privilége, il fera patte de velours d'abord, s'il ne peut faire autrement, mais il finira par tout absorber.

Pourquoi la révolution de Février n'a-t-elle pas abouti ?

Parce qu'elle n'a pas été assez radicale.

Pourquoi la révolution de 1789 a-t-elle abouti ?

Parce qu'elle a été radicale.

Nos pères n'ont pas hésité à porter une main hardie sur l'édifice féodal ; ils l'ont sapé par la base, détruit de fond en comble ; et la féodalité, qui avait cependant de profondes racines dans le pays, a disparu pour toujours.

Si nos pères eussent transigé avec elle, s'ils l'eussent ménagée, elle eût fini inévitablement par les absorber et les dévorer ; et aujourd'hui encore la société serait féodale, aujourd'hui encore nous fournirions au seigneur la dîme et la corvée, aujourd'hui encore celui-ci distribuerait la justice sans autre loi que celle de son bon plaisir.

Alors, c'était la féodalité nobilière qui pesait sur le pays.

Aujourd'hui, c'est la féodalité financière.

Alors, Sieyès, prononçait ce mot célèbre : Qu'est le tiers-état? rien ; que doit-il être? tout.

Aujourd'hui, économiquement parlant, qu'est le travailleur? rien; que doit-il être? tout.

Et cela n'est pas la recherche de l'inconnu, c'est une réalité vivante, un droit légitime auquel il faut donner satisfaction, un problème à la solution duquel est attachée l'existence de vingt-six millions d'hommes; ce problème, il faut le résoudre... ou périr!...

Sans doute l'organisation du crédit agricole et industriel en permettant à l'agriculture et à l'industrie de prendre un plus grand développement, aura pour conséquence certaine d'occuper un grand nombre de bras; mais la condition du travailleur reste la même, en ce sens que les rapports du capital et du travail ne sont pas changés. Tant que le crédit personnel ne sera pas organisé, le travail ne sera pas affranchi.

La Révolution a-t-elle hésité un instant à abolir les maîtrises et les jurandes? Non. Pourquoi? Parce que les maîtrises et les jurandes constituaient un privilége, un monopole, et qu'elles étaient un obstacle à la liberté du travail.

Nos pères ne se dissimulaient pas la perturbation momentanée qui en résulterait, mais ils savaient aussi qu'à part le principe de justice auquel ils donnaient satisfaction, la liberté du commerce et de l'industrie ne tarderait pas à porter d'heureux fruits. C'est parce qu'ils ont été radicaux, révolutionnaires, que les maîtrises et les jurandes ont disparu pour toujours.

De nos jours, Robert Peel, cet homme d'État illustre dont l'Angleterre porte le deuil, n'a pas hésité, lui aussi, au risque de soulever des intérêts hostiles, à se montrer radical dans la réforme commerciale qu'il a accomplie. Ce résultat n'eût pas été atteint si Robert Peel eût cherché un juste milieu. Les adversaires de la réforme se sont ameutés contre lui; il n'a pas tenu compte de leurs clameurs, il s'est montré radical, révolutionnaire et la réforme a triomphé.

Voilà des exemples qu'il ne faut pas perdre de vue, si nous ne voulons recommencer les tristes expériences à travers lesquelles nous poursuivons depuis si longtemps l'idéal démocratique sans pouvoir jamais l'atteindre.

Nous avons longuement insisté sur cette question de tendances, parce qu'elle nous paraît capitale et que nous voudrions épargner à notre pays de douloureuses convulsions. Heureux si nos efforts ont fait jaillir quelques traits de lumière propres à éclairer les esprits timides, mais bien intentionnés, et si nous les avons amenés à comprendre qu'en fait de réformes, les plus radicales sont les seules qui aboutissent.

Les vieux intérêts sont hostiles à la démocratie; ils ne peuvent vivre avec elle; ils ne cesseront de lui faire une guerre à outrance jusqu'à ce qu'ils aient fini par en avoir raison. Pour les annihiler, que faut-il? donner satisfaction aux intérêts nouveaux, les rendre solidaires de la démocratie afin qu'à tout instant ils soient prêts à se lever pour la défendre.

La paix publique, le salut de la révolution sont à ce prix, qu'on y réfléchisse!....

CHAPITRE XV

Du gouvernement.

Nous en avons fini avec la question sociale. Nous avons démontré qu'elle est renfermée dans trois mots : *organisation du crédit.*

Toutes les écoles, toutes les nuances de la démocratie ne peuvent se rencontrer que sur ce terrain, terrain neutre qui clôt, quant à présent, le domaine de la spéculation pure pour entrer dans celui de l'application.

Nous nous sommes bornés à poser des bases, des jalons ; nous n'avons rien formulé, parce que c'eût été agrandir outre mesure le cadre que nous nous sommes imposé. Ce qui importait avant tout, c'était de fixer les principes; d'autres viendront après nous qui les convertiront en projets de loi. La chose n'est pas difficile; nous-même, si les circonstances le permettent, nous nous placerons sur ce terrain. Il n'est peut-être pas sans utilité d'attendre encore quelque temps afin que l'idée mûrisse et reçoive tous les développements dont elle est susceptible.

Arrivons à la question du gouvernement.

Après la question sociale, la question politique; la première est le fond; la deuxième, la forme. Si le fond a une extrême importance, la forme ne lui cède en rien; car du mécanisme extérieur dépend le succès de toute institution.

Jusqu'à ce jour, les notions les plus fausses, les plus nuisibles, ont été émises ou pratiquées en matière de gouvernement. Nous sommes tous plus ou moins imbus de préjugés monarchiques qui portent la confusion dans nos esprits et nous empêchent de discerner les vrais principes ; cependant, lorsqu'on a assez d'empire sur soi-même pour s'affranchir du tribut que chacun est exposé à payer aux vieilles théories, il n'est pas difficile de formuler en cette matière des idées justes, positives, les seules au reste que la démocratie puisse admettre.

Le despotisme de Richelieu et de Louis XIV, les mesures révolutionnaires que les nécessités du moment suggérèrent à la Convention, le despotisme de Napoléon surtout, ont créé une centralisation puissante entre les mains de ce représentant de la collectivité qu'on nomme l'État. Cette centralisation que les monarchies constitutionnelles ont trouvé à leur avénement, a été par elles maintenue, parce qu'elle était de nature à servir puissamment leur politique qui consistait, comme celle de leurs aînées, à imposer leurs idées au pays, et à le tenir en quelque sorte dans leurs mains par les quatre-vingt six préfets, fonctionnaires dociles et toujours révocables qui les administraient, de sorte que jusqu'à ce jour le pays n'a pensé et agi que par son gouvernement; au lieu de lui donner l'impulsion, il l'a constamment reçue.

La monarchie était en cela fidèle à son principe; le peuple n'ayant pas assez de bon sens, à ses yeux, pour s'administrer lui-même, la monarchie le dirigeait, le gouvernait; mais la République est survenue, et le peuple, un beau jour, s'est déclaré majeur. Il a trouvé que cette tutelle d'en haut, sous prétexte de le diriger et le conduire, n'était autre chose qu'une audacieuse exploitation; il s'est donc émancipé et a voulu s'administrer lui-même : la souveraineté de tous est venue remplacer la souveraineté d'un seul ou de quelques-uns.

La monarchie, c'est le gouvernement par en haut.

La République, c'est le gouvernement par en bas.

La République est donc le renversement de toutes les idées reçues en matière de gouvernement.

Pour être fidèle au principe de la démocratie, il faut donc constituer le gouvernement par en bas.

Nous aurons à rechercher plus tard si cette centralisation absolue, constituée au profit du gouvernement, n'est pas un obstacle au développement de la démocratie, et si, au lieu de dire tout simplement *décentralisation administrative,* nous ne devons pas dire aussi et surtout *décentralisation politique.*

Examinons quel doit être, dans une démocratie, le rôle de l'État ou de cette administration centrale que l'on nomme encore aujourd'hui si improprement gouvernement.

Nous avons dit que la démocratie était le gouvernement par en bas, c'est-à-dire le gouvernement de tous, en d'autres termes la pensée collective donnant toujours l'impulsion au gouvernement et ne la recevant jamais.

Voilà le principe, il est incontestable; toute idée contraire qui tendrait à le détruire, ou même à l'ébrécher, serait essentiellement anti-démocratique.

Toute société se compose de deux éléments, l'élément individuel et l'élément collectif; il faut donc déterminer d'une manière précise ce qui est du domaine individuel et ce qui est du domaine collectif, qui cessera de s'appeler État, pouvoir, gouvernement, pour prendre le seul nom qui lui convienne désormais, celui d'*administration centrale.*

Recherchons donc avec soin ce qui appartient au domaine individuel et au domaine collectif.

Au domaine individuel appartiennent toutes les libertés : liberté du travail, liberté de réunion, d'association, d'enseignement, liberté de la presse, liberté des cultes, liberté de la parole, etc ; en un mot, tout ce à l'aide de quoi l'homme exerce ses facultés physiques, morales et intellectuelles, liberté du corps, liberté de l'âme, liberté de l'intelligence, tout ce qui se rattache directement ou indirectement à l'exercice de ces libertés et du domaine exclusif de l'individu ; ce domaine, on le voit, est immense. L'individu doit faire *tout ce qu'il peut;* la ligne de démarcation entre l'individuel et le collectif commence là où l'individuel ne peut, d'une manière absolue ou, sans *préjudice évident* pour l'individu, être fait par lui-même. A ces signes certains, nous devons reconnaître ce qui est collectif.

Ainsi :

Le service du budget,

Le crédit,

Les assurances,

Les chemins de fer,

Les canaux,

La surveillance et l'entretien de la voie publique,

Les mesures générales de sûreté et de salubrité publique,

Le service de la dette inscrite,

Le service des postes.

Toutes ces choses ont évidemment un caractère

collectif, soit par leur nature, soit à cause des intérêts nombreux qui s'y rattachent.

Voilà ce à quoi l'État doit être réduit dans une démocratie, et c'est bien assez. Ainsi restreint, l'État cesse d'avoir un rôle politique et gouvernemental ; il rentre dans le seul rôle qui lui appartienne, celui d'administrateur.

La force armée appartient au pays ; l'Assemblée nationale qui le représente en dispose seule. Jamais, sous aucun prétexte, elle ne peut être employée à l'intérieur ; sa place est aux frontières, ou devant l'ennemi.

La tranquillité publique repose tout entière sur la commune ; à elle de la surveiller, à elle de requérir au besoin la garde nationale à laquelle doit appartenir exclusivement le service de l'intérieur. La garde nationale, c'est le pays armé ; à qui peut-on mieux confier le soin de maintenir la tranquillité publique qu'au pays lui-même ?

Les communes auront leur administration particulière ; leur souveraineté devra être entière pour tout ce qui se rattache à la gestion de leurs intérêts : l'État ne peut intervenir qu'en cas de violation flagrante de la loi.

Voilà donc les trois termes de la souveraineté nettement définis : l'individu, la commune, l'État ; la ligne de démarcation ainsi précisée, pas d'empiétement possible.

Ces trois éléments distincts n'en font qu'un, à vrai dire, par la communauté d'idées, de langage et d'intérêts, qui constitue ce qu'on appelle la nationalité.

Le pouvoir exécutif, en tant que pouvoir distinct, est un hors-d'œuvre qui doit disparaître; inutile quand il n'agit pas, dangereux quand il agit, voilà en quoi se résume cette institution. Plus nous avancerons en démocratie, et plus l'exécutif devra perdre de son importance. Toutes les révolutions qui se sont accomplies jusqu'à ce jour n'ont eu d'autre objet que d'en restreindre les fonctions.

L'exécutif doit être subordonné à l'Assemblée, qui nommera désormais à cette fonction, essentiellement révocable et responsable; peut-être ferait-on mieux de la confier au bureau de l'Assemblée. Les ministres, chacun dans leur département, nommeraient aux fonctions qui ressortiraient exclusivement de l'exécutif. Le pouvoir constituant appartient au peuple seul. Lui seul nommerait ses administrateurs et ses juges. Aux ministres serait réservée seulement la nomination aux emplois qui constituent un simple mécanisme, un rouage secondaire; de cette façon, l'importance que se donnent nos pachas en portefeuille serait considérablement amoindrie; la corruption, qui naît du trafic des emplois, manquerait d'aliment, et la moralité publique ne pourrait qu'y gagner.

L'Assemblée nationale est naturellement le premier pouvoir dans une République; auprès de son président seraient accrédités les envoyés des puissances étrangères. Le bureau de l'Assemblée auquel l'exécutif serait confié se bornerait à la promulgation des lois; quant à leur exécution, c'est l'affaire des tribunaux. La *surveillance de l'exécution des lois* est encore une des attributions du pouvoir exécutif; mais c'est là un mot vide de sens. De deux choses l'une : ou la loi est enfreinte, ou elle ne l'est pas; si elle est enfreinte, les tribunaux sont saisis; si elle ne l'est pas, à quoi bon une surveillance? Si l'inexécution de la loi n'entraîne aucune pénalité, c'est que la matière qu'elle régit est *purement réglementaire,* et il suffit d'une circulaire ministérielle pour rappeler à son exécution.

Nous ne croyons pas devoir insister à cet égard; la conscience démocratique a prononcé, et l'expérience qui se fait depuis bientôt trois ans de l'institution de la présidence a dû ouvrir les yeux des moins clairvoyants.

Donc au peuple seul le pouvoir constituant, aux ministres la nomination aux fonctions de leurs départements respectifs, simples rouages d'exécution; au bureau de l'Assemblée la promulgation des lois, à la justice leur exécution, et leur surveillance, si l'on veut, à tous les citoyens : pas de meilleurs surveillants que ceux qui sont personnellement intéressés à ce que la loi s'exécute.

L'État restreint à ses fonctions purement administratives, l'exécutif ainsi réglé, point d'initiative politique et sociale par en haut; les citoyens rentrent en possession pleine et entière de leur souveraineté, et l'on voit d'hors et déjà apparaître le principe vivifiant de toute démocratie : nous voulons parler de la liberté absolue.

La liberté absolue effraie encore quelques esprits timides, comme autrefois le mot République les a effrayés, eux qui ont fini pourtant par se ranger sous sa bannière.

La liberté doit être entière, sous peine de ne pas exister; je lui refuse formellement la limite menteuse qui lui a été assignée, celle de la *sécurité publique*.

Le principe de la République, c'est la liberté; la liberté absolue pour tous, c'est l'égalité; la fraternité existe en fait là où il n'y a de privilége pour personne. Nier la liberté, ou ne l'affirmer qu'en partie, vouloir la subordonner à la sécurité publique, c'est nier la République elle-même.

Non, jamais, quelque graves que soient les circonstances, sous une République démocratique, il n'est permis à personne, quelque pures au fond que soient les intentions, de violer, ne fût-ce que pour un instant, la liberté ou d'en restreindre l'exercice.

Violer ou restreindre la liberté, pour un temps quelque court qu'il soit, c'est porter à la République, qui ne vit que par elle, le coup le plus funeste.

C'est faire prévaloir la force sur l'idée.

C'est convertir en monarchie ou despotisme une démocratie.

La République ne peut se sauver que par la liberté, et c'est précisément parce qu'elle est la liberté qu'elle constitue une forme de gouvernement supérieure à toutes les autres.

La liberté absolue, voilà la garantie de toutes les opinions.

Les partisans de l'état de siége sous Cavaignac peuvent-ils se plaindre aujourd'hui de ce qu'on maintient depuis si longtemps plusieurs départements en état de siége? Non.

On leur répond, ce qu'ils ont eux-mêmes répondu, par le mot élastique de *sécurité publique*.

La liberté individuelle est violée? — Sécurité publique!

Le domicile des citoyens envahi à tout instant sans motifs? — Sécurité publique!

Les journaux sont suspendus? — Sécurité publique!

La vente en est interdite? — Sécurité publique!

Les clubs sont fermés? — Sécurité publique!

Les banquets interdits? — Sécurité publique!

Le nombre de personnes qui peuvent assister à un convoi limité? — Sécurité publique!

Les associations commerciales ou industrielles inquiétées ou dissoutes? — Sécurité publique!

Le colportage défendu? — Sécurité publique!

Toujours, toujours ce mot menteur et impitoyable de sécurité publique sans cesse suspendu sur nos têtes comme l'épée de Damoclès.

La sécurité publique a toujours servi de prétexte à tous les despotismes.

Le pays n'a pas besoin de dictateurs pour se sauver; il saura bien se sauver lui-même par l'irrésistible ascendant que donne le droit soutenu par une volonté ferme et persévérante.

La liberté ne peut avoir qu'une limite : la liberté d'autrui. Ce n'est pas une convention arbitraire qui lui assigne cette limite, c'est la nature même des choses, dans l'intérêt, non-seulement des individus, mais de la liberté elle-même, car du moment où elle serait violée chez autrui elle cesserait d'être.

Cette limite naturelle n'est pas la restriction de la liberté, elle en est, au contraire, la sanction, la confirmation la plus éclatante.

Tristes républicains que nous sommes, nous n'osons regarder la liberté en face ; on dirait qu'elle nous fait peur ; et sommes-nous à ce point imbus d'idées monarchiques, que les préjugés d'une autre époque, soigneusement entretenus par le despotisme chez les peuples enfants, ne cessent de poursuivre une nation que trois révolutions ont faite virile.

Il est des démocrates qui veulent un pouvoir fort, moi je le veux faible.

Pourquoi ?

Parce que je veux la liberté forte.

Voyez ce qui se passe : depuis soixante ans on s'occupe de fortifier le pouvoir ; je ne sache pas que la liberté y ait gagné.

Il serait facile de faire l'inventaire de ce qu'elle y a perdu.

Un pouvoir fort est un non-sens en démocratie.

Un pouvoir fort serait tôt ou tard le tombeau de la liberté.

A ceux qui veulent un pouvoir fort, je demanderai pourquoi faire; pour s'en servir sans doute, et contre qui?

Serait-ce contre les malfaiteurs et les complots? Mais il y a les parquets et les tribunaux.

Serait-ce contre l'intrigue et le mauvais vouloir? Mais la raison publique en fera prompte justice, et sa puissance est infaillible. On ne pourrait, d'ailleurs, agir en pareille matière qu'en se rendant coupable d'arbitraire, et tant qu'il n'existe ni complots, ni conspirations, il n'y a rien à faire.

Contre qui donc un pouvoir fort, si ce n'est contre la liberté.

Mais ce qu'on appelle un pouvoir fort n'est autre chose qu'un pouvoir faible.

C'est parce qu'on se sent faible qu'on éprouve le besoin de se fortifier.

Vous êtes donc en méfiance contre votre principe.

La méfiance n'est pas le moyen de le faire prévaloir; au contraire, avoir confiance dans son principe est une preuve certaine de sa force et de sa puissance.

Voyez deux hommes : l'un s'émeut, s'irrite des injures et en tire vengeance.

L'autre ne s'en émeut ni ne s'en irrite, et pardonne.

Le premier passera pour un homme fort.

Le second pour un homme faible.

Eh bien, c'est tout le contraire qui est vrai.

Le premier ne paraît fort que parce qu'il est faible ; il n'a pu se dominer.

Le second, qui paraît faible, est en réalité l'homme fort; car il a eu la puissance de commander à lui-même, ce que la faiblesse du premier ne lui a pas permis de faire.

Il en est de même d'un gouvernement.

Méfiance est synonyme de faiblesse.

Confiance est synonyme de force.

La méfiance s'appelle monarchie.

La confiance s'appelle république.

Entre la méfiance et la confiance, la véritable force et la faiblesse, entre l'arbitraire et la liberté, la république et la monarchie, je n'hésite pas.

Avec l'omnipotence, ou même avec la simple intervention de l'État dans les matières qui ne sont pas de son domaine, — et nous avons démontré que la liberté lui échappe, — tous les problèmes se compliquent, les questions les plus simples deviennent insolubles.

Avec la liberté, tout se simplifie, toutes les questions, tous les problèmes trouvent leur solution par le seul fait de la mise en jeu de la spontanéité humaine.

Avec l'intervention de l'État surgit une responsabilité immense, sous le fardeau de laquelle il finira par succomber, après avoir mécontenté tous les intérêts, toutes les opinions.

Avec la liberté, la responsabilité disparaît, par cela même qu'elle se généralise; nul n'est comptable qu'envers lui-même; pas de plainte, pas de récrimination, pas d'antagonisme possible; l'ordre et la fraternité sont fondés sur des bases indissolubles.

Pour désarmer, annihiler, dissoudre même les partis hostiles à la République, je ne connais pas de plus sûr moyen que la liberté.

Liberté! liberté! adorable déesse, suprême bien que l'humanité poursuit depuis si longtemps à travers les larmes, ne seras-tu donc jamais qu'un mirage trompeur, une séduisante illusion, et faudra-t-il un bras de fer pour te fixer sur la terre de France? Non, la violence répugne à ta nature, tu échapperais encore à qui voudrait te traiter en maître, n'es-tu pas la liberté? tu as besoin de ménagements infinis, de doux procédés, des soins les plus délicats, et aussi des plus vives tendresses; tu ne veux te donner qu'à ceux qui t'aimeront pour toi-même, et plus que jamais je comprends que le plus sûr moyen de te conquérir, c'est de te mériter!

La décentralisation administrative est une question jugée dans le camp démocratique, toutes les nuances de la démocratie concluent à la décentralisation administrative; il n'en est pas de même de la décentralisation politique.

Bien des gens vont s'émouvoir à ce mot : *Décentralisation politique*, et crier au girondinisme, au fédéralisme; les partisans de la tradition révolutionnaire pure ne manqueront pas de jeter l'anathème; je les supplie de ne pas juger sans entendre, et de ne pas se presser de conclure.

Je ne suis pas de ceux qui jettent de la boue aux hommes de la révolution, et sans prétendre légitimer le moins du monde des excès que je déplore, je reconnais tout ce qu'il y a eu de gigantesque dans cette lutte suprême qui a sauvé le pays de l'invasion étrangère et maintenu intacte la nationalité française.

Quelque heureux qu'ait été ce résultat, il y a dans la révolution française deux choses qu'il ne faut pas confondre : le fait et l'idée; c'est parce qu'on a confondu sans cesse le fait avec l'idée qu'on a maudit la révolution. Le fait, dû entièrement aux circonstances exceptionnelles et terribles que nos pères ont eu à traverser, il faut le rejeter, le proscrire, nul n'en désire assurément le retour. Des hommes doux, humains, sociables comme nous; comme nous aimant les arts, le peuple, l'humanité, les joies de la famille, contraints d'accomplir une mission terrible sont peut-être plus à plaindre qu'à blâmer; dans tous les cas, si le fait mérite notre réprobation, il n'en est pas de même de l'idée, du principe de la révolution, principe de justice et de liberté qui s'est traduit en institutions fécondes : destruction des privilèges, unité de mesures et de législation, abolition de pénalités barbares, reconstitution de l'ordre judiciaire, réorganisation de l'administration, de l'armée, des finances, de l'enseignement; tout refaire en entier, c'est là une œuvre colossale qui mérite assurément le respect et la reconnaissance publique, ou qui tout au moins devrait imposer à ses adversaires nés, la pudeur du silence. Tel qui maudit la révolution lui doit son patrimoine, son indépendance, sa position dans le monde, et ne s'aperçoit pas, fils ingrat, qu'il maudit en même temps la mémoire de son père.

Répudions le fait, mais glorifions l'idée et efforçons-nous sans cesse d'en renouer la tradition, la filiation perdues.

Assurément je ne suis pas suspect de modérantisme, et cependant je n'hésite pas à dire : *plus de centralisation politique.*

Et d'abord, qu'est-ce que la centralisation politique? il suffira de la définir pour la repousser. La centralisation politique n'est autre chose que la concentration entre les mains du représentant de la collectivité, que l'on nomme État, pouvoir, gouvernement, des moyens d'action pour agir sur le pays, soit pour lui imposer son opinion, soit pour la lui faire accepter.

Mais si l'on admet que le pays pense par lui-même, lui imposer une opinion constituera au plus haut degré un acte d'odieux despotisme; agir sur les esprits pour la leur faire partager, constituera une tutelle politique qui aura pour objet de tenir en suspicion l'intelligence publique : ce sera la traiter en mineure alors qu'elle est émancipée.

Agir ainsi ce serait nier la République.

Pourquoi donc une centralisation politique? comment la concilier avec le gouvernement par en bas?

Avec la liberté absolue, je vois là une contradiction flagrante en même temps qu'une impossibilité.

Est-ce que ce qui a eu lieu constamment sous la monarchie, ce qui se passe tous les jours ne devrait pas nous dégoûter à jamais de la centralisation?

Est-ce que, par hasard, la France ne serait une grande nation que parce que M. Léon Faucher tiendrait en ses mains les fils du télégraphe?

Pourquoi ce que l'on blâme sous la monarchie et sous la République monarchique, deviendrait-il un acte légitime sous la République pure?

Soyons logiques.

La France est une grande nation par son histoire, ses découvertes, son génie, par le développement prodigieux qu'ont pris chez elle les sciences et les arts, par sa littérature, à laquelle nulle autre ne peut être comparée, par sa recherche incessante de ce qui est vrai, juste, légitime, parce qu'elle est surtout l'avant-garde de la démocratie, la pionnière de l'avenir. La centralisation n'a ni créé, ni favorisé cette situation; au contraire, elle a constamment fait obstacle à l'essor individuel : les gouvernements ne l'ont établie que dans un but de compression, et il faut reconnaître que, jusqu'à ce jour, elle a merveilleusement servi leurs projets.

Ce qui constitue la vraie centralisation, c'est la communauté de pensées, d'opinions, de principes, c'est l'identité des intérêts et des besoins. Avec l'organisation démocratique de la commune, la pensée politique s'étend, se généralise; l'unité se fonde sur une vaste échelle, elle acquiert un développement et une puissance jusqu'à ce jour inconnus. L'organisation de la commune, c'est la centralisation universalisée, réelle et non factice, abandonnant le mécanisme extérieur pour s'incarner dans les faits, existant par elle-même, vivant de sa vie propre, se manifestant par sa virtualité même, ne demandant rien à autrui, ne s'imposant pas, en communication permanente avec elle-même, par la presse, les télégraphes, par tous les moyens que la science peut imaginer, et qui devront cesser désormais de constituer un monopole gouvernemental pour appartenir à tous; les relations commerciales et industrielles ne pourront qu'y gagner.

Voilà la véritable unité. Ceux qui pensent que la centralisation politique a pour objet de constituer et de maintenir l'unité se trompent étrangement : rien de plus contraire à l'unité que ce mécanisme extérieur concentré entre les mains du gouvernement; par cela même que celui-ci prétend agir sur l'opinion, l'opinion se cabre, se révolte et lui échappe, il divise au lieu d'unir.

Vienne le danger, et l'on verra si, spontanément, toutes les communes de France, sans s'être donné le mot, ne se lèveront pas comme un seul homme pour le conjurer; vienne l'ennemi, et l'on verra si, de tous les points du pays, des milliers de volontaires ne se précipiteront pas aux frontières pour le repousser.

Sans doute les communes doivent être en communication constante avec la métropole, mais cet échange de communications ne sera autre chose que les rapports naturels que nécessiteront l'expédition des affaires et l'exécution des lois.

Les communes s'administrant elles-mêmes, plus n'est besoin de centralisation telle qu'on l'entend aujourd'hui. A cette centralisation fausse, despotique, succède une centralisation vraie, fraternelle, et cette centralisation, c'est l'unité française élevée à sa plus haute puissance.

Si l'on considère l'état de l'opinion avec ses nuances, ses variétés infinies, on demeurera convaincu qu'il n'y a pas de centralisation possible. Est-il permis à l'une de ces nuances de procéder gouvernementalement à l'égard des autres? non ; et nous devons peut-être, à ce point de vue, nous féliciter de cette situation qui fera surgir fatalement, inévitablement, la théorie de liberté absolue, théorie que la future administration centrale devra nécessairement inaugurer si elle veut vivre un seul jour.

Il en est de la question du gouvernement comme de la question sociale : la diversité des sectes et des écoles empêche l'une d'elles de s'imposer au pays. De même sur la question politique (forme extérieure et tendances), la variété des nuances fait qu'aucune d'elles ne peut prévaloir. Il faut donc s'attacher de plus en plus, et c'est la recherche qui doit faire l'objet de nos méditations incessantes, *à découvrir*, comme l'a dit Jean-Jacques Rousseau, *une forme d'association qui défende et protége de toute la force commune la personne et les biens de chaque associé, et par laquelle chacun s'unissant à tous, n'obéisse qu'à lui-même et reste aussi libre qu'auparavant.*

Voilà le problème à résoudre : il ne tend à rien moins qu'à constituer L'UNITÉ DANS LA VARIÉTÉ. L'unité, c'est la loi qui oblige tous les citoyens ; la variété, c'est l'essor individuel, le sentiment de chacun se manifestant librement. Comment concilier ces deux choses en apparence contradictoires? En édictant des lois qui protègent, favorisent le développement de la liberté sans qu'elles puissent jamais y porter atteinte ni en gêner l'exercice. Voilà pour le fond de la question.

Quant à la forme de l'institution gouvernementale, au mécanisme extérieur, faudra-t-il admettre le gouvernement direct ou la représentation? C'est ce que nous examinerons dans un chapitre spécial.

Reprenant la thèse posée plus haut, nous dirons : Gouvernement par en bas, liberté absolue, et, comme conséquence nécessaire, obligée, décentralisation administrative et politique. La logique nous conduit à cette conclusion.

Toutes les conquêtes de l'esprit moderne, de l'esprit de liberté ne sont autre chose que des parcelles de pouvoir arrachées au gouvernement pour les transporter dans le domaine de l'individu ; une décentralisation enfin.

Liberté des cultes, — décentralisation ;

Égalité civile et politique, — décentralisation ;

Monarchie constitutionnelle, — décentralisation ;

Séparation des pouvoirs *, décentralisation ;

République, — décentralisation ;

Suffrage universel ou gouvernement par en bas, — décentralisation.

La République et le suffrage universel surtout constituent la décentralisation par excellence. La République n'a-t elle pas déraciné le principe d'autorité d'où la centralisation était sortie.

Quand je dis décentralisation politique, je ne veux pas découronner Paris ; Dieu me garde d'un tel blasphème ; Paris sera toujours la grande capitale. L'administration centrale y aura son siége. Paris ne cessera pas d'être ce qu'il est : la ville de l'idée, l'avant-garde de la démocratie ; mais l'administration centrale recevra l'impulsion au lieu de la donner. Désormais voilà son rôle.

* Le principe de la séparation des pouvoirs est une idée vraie au point de vue de la monarchie constitutionnelle ; il constitue évidemment, dans cet ordre de choses, un progrès réel, une garantie pour la liberté. La souveraineté étant partagée entre le roi et les Chambres, on a dit : A celles-ci la confection de la loi ; à celui-là son exécution. La séparation des pouvoirs a dû être stipulée pour empêcher les empiétements de l'autorité royale sur le domaine législatif ; mais dans une république, où la souveraineté réside tout entière dans le peuple, représenté par une assemblée unique, la séparation des pouvoirs est un non-sens ; et cependant, ce principe est consigné dans la constitution de 1848. C'est là une de ces contradictions qui témoignent du funeste empire qu'exercent encore, sur certains esprits, les vieilles théories constitutionnelles.

Qui dit république dit unité de pouvoir et division des fonctions. La division des fonctions n'est pas la séparation des pouvoirs, elle n'est autre chose que la répartition des fonctions, la division du travail.

Qu'on se garde de crier au fédéralisme : le fédéralisme était à craindre pendant la première révolution, parce que les provinces avaient chacune une législation spéciale, qu'elles étaient régies par des coutumes particulières, ce qui faisait d'elles autant de pays distincts. Sans doute, au sortir d'un pareil état de choses, il était à craindre que la force de l'habitude ne prévalût contre l'ordre nouveau ; mais aujourd'hui, après soixante ans d'unité de législation ; aujourd'hui que la vapeur, la télégraphie aérienne et électrique, permettent à la capitale d'être en communication constante avec les communes les plus éloignées, on ne pourrait parler fédéralisme sans provoquer aussitôt un immense éclat de rire.

Nous n'hésitons pas à supprimer auprès des communes ou des départements, si on juge à propos de maintenir leurs chefs-lieux, l'agent du pouvoir exécutif. *

* Nos amis Renouvier, Fauvety, etc., ont cru devoir, dans leur ouvrage sur l'organisation communale et centrale de la République, établir un agent de l'administration centrale auprès de chaque commune-canton, afin de relier, disent-ils, l'unité de la France. L'unité de la France existe par elle-même et n'a nul besoin d'un agent quelconque. Nous allons le démontrer. Nos amis ne se sont pas préoccupés de la dépense qu'entraîneraient ces fonctionnaires parasites. Nous allons en donner un aperçu. Dans les cantons ordinaires on ne pourrait leur accorder moins de 3,000 fr. ; dans les villes de deuxième ordre, 4,000 fr. ; dans les villes de premier ordre, 6,000 fr. (maximum des traitements dans une vraie république). Si nous prenons pour moyenne 4,000 fr., il en résulte que, pour 2,000 communes-cantons, la dépense s'élèverait à 8 millions, et pour 2,846 communes (nombre des cantons actuels), à 11,384,000 fr. Une pareille dépense vaut la peine qu'on y regarde.

Le pouvoir exécutif n'a nul besoin d'être spécialement représenté là où les communes et les départements s'administrent eux-mêmes.

Jusqu'à présent ces agents ont eu un rôle tout politique. Leur présence, au milieu des populations qu'ils étaient censé administrer, n'a eu d'autre résultat que de leur faire sentir la main pesante, oppressive du pouvoir, d'apporter des entraves à l'exercice de la liberté,

Ces agents, je les repousse comme une cause incessante de trouble et de perturbation; les nombreux conflits qui naissent de leur intervention, dans les affaires locales, de leur action sur l'esprit public, le démontrent surabondamment.

Cette institution, au point de vue des idées monarchiques, est parfaitement logique. Le peuple étant gouverné, il est nécessaire qu'il y ait dans chaque département un fonctionnaire qui représente la pensée du pouvoir.

Sous la République, cette institution n'a pas sa raison d'être; les communes sont majeures comme les individus; point n'est besoin de tuteurs. Là où aucune pensée supérieure n'a le droit de s'imposer, pourquoi un agent?

Serait-ce pour surveiller et requérir l'exécution des lois? Mais, à propos du pouvoir exécutif, nous avons démontré que c'était là une pure fiction.

Les administrations communales et départementales veilleront à l'exécution des lois sous leur responsabilité personnelle. Cette garantie doit suffire à l'administration centrale; il n'en est pas de plus efficace.

Les maires n'ont-ils pas d'ailleurs la double qualité d'agents communaux et d'agents de l'administration centrale.

Si l'on parcourt la constitution de 91, celle de 93, les lois organiques promulguées dans l'intervalle, on ne trouve aucune trace de ces agents spéciaux du pouvoir central auprès des administrations communales ou départementales. Nos pères avaient sagement compris que le pouvoir central n'avait pas à s'immiscer dans l'administration locale ; c'est là un fait remarquable. A une époque où le fédéralisme était à craindre, constituer des administrations locales indépendantes du pouvoir central, si ce n'est pour l'exécution des lois, était une innovation téméraire, dangereuse peut-être, et cependant le fédéralisme n'en est pas résulté, et nous ne sachons pas que les lois aient souffert dans leur exécution.

Les constituants de 91 qui jetaient les fondements de la République ont fait une chose normale, logique ; les principes ont prévalu sur des craintes que l'événement a démontré puériles.

Ce n'est que dans la Constitution éminemment réactionnaire de l'an III que l'on voit apparaître pour la première fois les agents du pouvoir central auprès des départements et des communes ; encore devaient-ils être pris parmi les citoyens domiciliés depuis un an dans le département.

Puis est venu le despotisme consulaire et impérial qui a supprimé cette faible garantie et fait tourner l'institution au profit de sa politique.

Les dispositions de la constitution de l'an III qui consacrent une innovation dans la période révolutionnaire répondaient aux idées du moment. On n'avait alors d'autre préoccupation que de fortifier le pouvoir. La liberté en faisait les frais, qu'importe, le modérantisme de l'époque y trouvait son compte; il n'est pire engeance que les jésuites de la liberté; je préférerais mille fois un despotisme franc et hautement déclaré à ces hypocrisies du modérantisme qui assassine la liberté en invoquant son nom!...

La constitution directoriale de l'an III préparait le consulat, comme le consulat, plus tard, a préparé les voies à l'empire.

La période ascendante de la révolution a pris fin le 9 thermidor : la réaction thermidorienne a abouti au despotisme impérial, après avoir traversé le consulat et le directoire. La logique a suivi ses voies inflexibles tant elle est fatale. Une fois sur la pente de la réaction on ne s'arrête plus; n'en faisons-nous pas encore de nos jours la douloureuse expérience.

Pour résumer en quelques mots nos idées sur l'organisation administrative, nous dirons : plus de commune morcelée; la commune, telle qu'elle existe aujourd'hui, convertie en section de commune et n'ayant qu'un état civil. — Organisation de la commune-canton; — plus d'arrondissement, véritable superfétation; — le chef-lieu du département supprimé comme centre politique, et maintenu seulement comme centre administratif et judiciaire.

La souveraineté, nous l'avons dit, a trois termes;

elle n'en peut avoir d'autre : elle est individuelle, communale et nationale. L'individu d'abord, voilà la souveraineté fondamentale, la souveraineté par excellence, celle autour de laquelle convergent les deux autres pour la protéger et en favoriser le développement. Puis vient la commune ; là commence l'intérêt collectif ; là s'exerce pour l'individu la vie de relations ; là est le centre de ses affaires, de son travail, de ses affections ; la commune, c'est la famille agrandie ; puis vient la nation, qui est la grande famille où s'agitent des intérêts d'un ordre supérieur. La commune-canton, organisée ainsi que nous l'entendons, l'arrondissement devient inutile ; le département le devient aussi au point de vue politique : les intérêts d'arrondissement et de département se confondent dans la masse des intérêts communaux.

Les intérêts particuliers des arrondissements et des départements ne perdent rien, d'ailleurs, à cette combinaison. Si l'arrondissement cesse d'avoir son chétif tribunal, il a un collége agrandi, une banque nationale, un bureau de statistique, d'assurance, etc., etc. Le département perd son préfet, hélas ! mais indépendamment de son organisation comme commune-canton, il est maintenu comme centre administratif et devient *centre judiciaire*, il y a plus que compensation.

Pour la première fois peut-être l'intérêt public et l'intérêt privé sont d'accord.

Certains qui affichent pourtant des sentiments démocratiques ont sans cesse à la bouche le mot *au-*

torité. Ce mot n'a plus de sens aujourd'hui. La République est le renversement de toutes les idées reçues à cet égard. Qu'est-ce, en effet, qu'une autorité qui est descendue de son piédestal, qui n'est plus en haut, mais en bas ; qui a quitté les palais pour se réfugier dans la mansarde, la chaumière, l'atelier, la place publique ; qui s'est généralisée à ce point que chacun est à la fois son roi, son juge, son prêtre, son législateur. La République n'est autre chose que la négation formelle, absolue, du principe d'autorité, non-seulement dans le gouvernement, mais encore dans l'industrie, les sciences, les arts, la justice, la religion, en un mot, dans toutes les matières qui font l'objet des institutions humaines. L'organisation du crédit, c'est la République dans le travail et l'industrie, la déchéance de ce tyran qu'on appelle *capital*. Son autorité n'existera plus le jour où il sera généralisé. Les sciences ne relèvent plus d'une caste, d'une secte, elles rentrent dans le domaine de tous ; la raison les soumet à son empire et ne les apprécie que par leur *utilité démontrée*. Toute science qui ne se justifie pas par son *utilité réelle* doit cesser d'usurper ce nom. Les arts ne sont plus le privilége des hommes de loisir, ils se répandent dans les masses pour les distraire et les moraliser. La justice n'est plus ce magistrat inamovible couvert d'or, de pourpre et d'hermine, tenant par délégation d'une puissance inviolable le droit de distribuer *suum cuique* ; le magistrat est l'élu du peuple, sans autre marque distinctive qu'une médaille d'argent suspendue à son cou par un ruban à la couleur nationale, et sur laquelle sont gravés d'un côté une balance et de l'autre ces mots : *la loi*. Son mandat expiré, ce magistrat descend de son siége et va demander à l'élection une nouvelle investiture que le peuple, son souverain, lui accorde ou lui refuse, selon qu'il a bien ou mal agi. La religion ne relève plus que de la conscience. Chacun pratique celle que bon lui semble, ou n'en pratique aucune si telle est sa volonté ; nul n'a le droit d'y trouver à redire. Le jour où la philosophie a proclamé la liberté des cultes, la République est entrée dans la religion ; la raison a détrôné la foi.

La raison éclairée par le sentiment constitue la science. La science, voilà désormais la seule, la véritable autorité, et celle-là est réellement infaillible; quant à la vieille autorité, qui essaie pourtant de se reconstituer, elle est morte et bien morte, les révolutions l'ont tuée.

En traitant la question de décentralisation, nous n'avons eu en vue qu'une situation normale, régulière. Insensé serait celui qui prétendrait régler d'avance une situation révolutionnaire. Cet état une fois produit suivrait fatalement son cours. Cette situation, il n'est donné à personne de la faire naître, pas plus que de l'empêcher ou de la prévenir. Elle se pose d'elle-même à la suite de circonstances, d'événements antérieurs, comme le produit d'une logique supérieure et irrésistible, la logique des faits.

A ceux-là seuls qui auraient amené une semblable situation la responsabilité des événements.

J'ignore quelles épreuves l'avenir réserve à mon pays, mais ce que je sais, c'est que la démocratie ne peut se sauver qu'en restant fidèle à son principe, et ce principe, c'est la liberté.

Sans doute, la politique contemporaine est de nature à faire naître dans les âmes de vifs ressentiments. Je comprends, j'apprécie, j'honore les soulèvements intérieurs qu'elle excite ; moi-même, pour retenir l'anathème qui monte souvent à mes lèvres, j'ai besoin de me souvenir que je suis un homme de liberté.

Gardons-nous, toutefois, de nous laisser dominer par de semblables préoccupations ; portons plus haut nos regards et ne voyons qu'une chose, le salut de la démocratie; que ce soit là notre pensée constante, exclusive : plus de lois de haine, de vengeance ; plus d'abus de pouvoir, tout par la liberté; **LA LIBERTÉ N'EXCLUT PAS LA JUSTICE** !

CHAPITRE XVI

Du gouvernement direct.

La question du gouvernement direct, soulevée par Rittinghausen, membre distingué du parlement de Francfort, a été reprise et propagée avec quelques légères variantes par Considerant. Ledru-Rollin est venu lui prêter l'appui de sa popularité en la rattachant à la Constitution de 1793, laquelle, à la différence de MM. Rittinghausen et Considerant, admet un corps législatif qui *propose les lois et rend des décrets*, fonction que ceux-ci confient à un ministère nommé par le peuple.

La théorie du gouvernement direct divise profondément la démocratie. Louis Blanc l'a combattue, la presse de Paris et des départements l'a diversement résolue, M. Émile de Girardin est intervenu dans le débat et a formulé un système qui se rattache à un ordre d'idées qui lui est personnel.

Loin de regretter que la question du gouvernement direct ait été posée, nous nous en félicitons comme d'un heureux symptôme; la démocratie a fait en cela acte de virilité. Elle ne veut plus être gouvernée, elle veut recouvrer son autonomie; elle a raison, mille fois raison. Mais nous croyons que cette question renferme une impossibilité absolue en même temps qu'un immense danger.

La théorie du gouvernement direct repose sur un principe vrai, incontestable; le peuple étant souverain a le droit d'exercer réellement sa souveraineté, cela ne saurait être un seul instant douteux, et c'est probablement à la grande vérité de ce principe que sont dus les rapides progrès que cette question a faits en peu de temps.

Mais le peuple *peut-il* exercer lui-même la souveraineté législative? C'est ce qu'il s'agit d'examiner.

Je comprends très-bien, sans qu'il y ait lieu d'être taxé de faux démocrate, qu'on se déclare l'adversaire du gouvernement direct, comme aussi je ne comprendrais pas qu'on accusât ses partisans de folie ou de mauvaise foi. La question d'intentions ne saurait ici être mise en jeu; l'injure n'a jamais fait avancer d'une ligne une discussion; au contraire, elle aigrit les esprits et rend les questions insolubles.

Nous tenons les adversaires du gouvernement direct pour aussi bons démocrates que ses partisans; nous nous déclarons l'adversaire de ce mode de gouvernement, et cependant nous avons la prétention de ne le céder à personne en matière de sincérité démocratique. Toutes ces récriminations sont puériles, l'injure est une arme que nous n'emploierons jamais, même à l'égard de nos ennemis politiques, à plus forte raison vis-à-vis de nos co-religionnaires momentanément en dissidence avec nous sur une question particulière.

Nul plus que nous ne reconnaît que le mode actuel de représentation est vicieux, détestable.

Nul plus que nous ne prend en pitié ces célébrités parlementaires, grandes, moyennes au petites, qui, pour ne pas perdre l'occasion d'un discours, s'ingénient à prouver, par exemple, que l'expédition de Rome ou la loi du 31 mai violent la Constitution, comme s'il était besoin de prouver l'évidence.

Nul plus que nous ne hait le parlementarisme, qui est l'art de ne rien faire, de substituer les mots aux idées, les paroles aux actes.

Nul plus que nous ne comprend combien sont délétères les miasmes que l'on respire dans les assemblées parlementaires où le patriotisme s'étiole dans sa fleur, où l'homme perd peu à peu ce qu'il y a en lui de virilité démocratique.

Nul plus que nous ne hait ces intrigues de couloir, ces commérages politiques qui donnent de l'importance aux moindres détails, et font perdre de vue la chose publique.

Nul plus que nous ne sait que les assemblées délibérantes, quelles qu'elles soient, sont toujours en retard sur le pays, par cela seul qu'elles succèdent à d'autres assemblées dont insensiblement elles adoptent les traditions, tant la force de l'habitude est irrésistible.

Nul plus que nous n'abhorre cette manie de légiférer à tout propos et qui a pour résultat d'enfermer la spontanéité humaine dans un mécanisme artificiel sans lequel elle ne peut faire un pas.

Nul plus que nous... mais nous n'en finirions pas si nous voulions énumérer les vices actuels de la délégation.

Et cependant nous sommes pour la délégation. Pourquoi? Nous allons le dire, et pour cela nous n'invoquerons ni l'autorité de Hobbes, ni celle de Montesquieu, ni celle de Rousseau, ni celle de Robespierre, mais les simples notions du bon sens.

Je remarque que la question du gouvernement direct suit exactement la même route que la question sociale. Pour la question sociale on a dit : Le capital est un tyran, plus de capital; la propriété individuelle est une cause incessante de lutte et de perturbation, plus de propriété individuelle ; l'hérédité est un moyen de perpétuer dans les familles le privilége capitaliste, plus d'hérédité.

Pour la question du gouvernement direct on dit : La délégation est mauvaise ; elle usurpe la souveraineté, elle substitue la volonté du mandataire à celle du mandant, plus de délégation.

En cela, comme pour la question sociale, on s'arrête à la cause apparente et directe, au lieu de remonter à la cause cachée et indirecte qui est la cause supérieure et unique ; ici encore on prend l'effet pour la cause.

Si nous remontons à la cause supérieure à la véritable cause, nous dirons :

Pourquoi la délégation absorbe-t-elle la souveraineté? pourquoi, dans un moment donné, la confisque-t-elle?

Parce que le peuple n'est pas investi du droit de révoquer ses mandataires infidèles et de les punir. Et comme arguments secondaires, nous ajouterons :

Parce que la délégation est faite pour trois ans, au lieu de n'être faite que pour une année ;

Parce que la presse étant baillonnée, les clubs fermés, l'opinion publique ne peut se faire entendre et exercer une influence de tous les instants sur les délibérations de ses représentants ;

Parce que la commune de Paris n'est pas organisée pour servir au besoin de contrepoids à une politique manifestement hostile à la démocratie et antinationale ;

Parce que le mode de nomination des représentants est vicieux ;

Parce que le télégraphe a influencé les dernières élections qui ont produit une majorité royaliste, au lieu d'une majorité républicaine ;

Parce que peut-être en 1849 le pays n'était pas encore à la hauteur de la République ;

Parce que le citoyen est désarmé ; qu'il n'est libre ni de son travail, ni de sa personne, ni peut-être de son intelligence ; parce que le crédit n'étant pas organisé, le travailleur n'est pas à l'abri des influences hostiles qui le dirigent, parce que l'enseignement populaire et démocratique n'existe pas, etc., etc.

Le pays, dit-on, s'il eût exercé la fonction législative n'eût jamais ordonné l'expédition de Rome, ni mutilé le suffrage universel et c'est là le grand argument des partisans du gouvernement direct. J'en suis d'accord avec eux.

Mais sans invoquer les nombreux *parce que* ci-dessus, croit-on, par exemple, que les mesures auxquelles on fait allusion se fussent accomplies si seulement les clubs eussent fonctionné ? Non.

Quelque forte, quelque compacte qu'eût été la majorité, elle n'aurait pas osé. A plus forte raison n'aurait-elle pas osé, si le droit de révocation eût été réservé au peuple, et si la violation du pacte fondamental eût entraîné une pénalité.

La démocratie n'est pas organisée, et voilà pourquoi on en a si facilement raison.

Il faut déblayer le terrain ; nous sommes régis par

près de cent mille lois, plus confuses, plus incohérentes les unes que les autres. Quelques-unes sont à conserver, mais le plus grand nombre est à refaire; il y a là un immense travail d'épuration à réaliser. une législation simple, clairement rédigée, donnant satisfaction aux intérêts nouveaux, doit remplacer une législation obscure, compliquée. Et pour cette œuvre difficile, qui exige plusieurs années, une aptitude spéciale, car il ne faut pas croire que le premier venu soit apte à remplir les fonctions de législateur, on propose que le peuple, assemblé dans les comices, discute et vote la loi qui lui sera présentée. On n'en viendra jamais à bout.

S'il s'agissait seulement de répondre par *oui* ou par *non* sur une question proposée, je concevrais jusqu'à un certain point que le gouvernement direct pût fonctionner; mais presque toutes les questions sont complexes. Le peuple, en possession de ce qu'on appelle le gouvernement direct, a le droit, ou sa souveraineté est un mensonge, de proposer des modifications à la loi qui lui est présentée par des ministres élus par lui (système Rittinghausen et Considerant), ou par une assemblée de commissaires (système Ledru-Rollin); les modifications proposées par les comices peuvent varier à l'infini. Qu'on se représente les milliers de combinaisons diverses dont une loi peut être l'objet dans les innombrables assemblées populaires réparties sur tous les points du pays, et qu'on me dise s'il sera possible de concilier tant d'opinions diverses et de les convertir en loi; comment même parvenir, au milieu de cet imbroglio, à constater une majorité; que devient alors la loi proposée? Il faut la refaire, la présenter de nouveau : les mêmes inconvénients, les mêmes difficultés se reproduisent, et c'est toujours à recommencer. C'est le néant dans le chaos.

Ce n'est pas tout. J'admets que la loi puisse être rédigée, qui me garantit que la rédaction sera du goût de ceux-là même qui l'auront votée? Ne sait-on pas qu'il suffit quelquefois d'un mot, d'une ponctuation pour changer le sens d'une loi. Que faire alors? Il faudra de nouveau consulter le peuple; mais ce sera à n'en plus finir; mais les mêmes inconvénients peuvent toujours se reproduire.

Ce n'est pas tout encore; pour que le peuple fût réellement en possession du gouvernement direct, il devrait avoir l'initiative des propositions : ainsi, à tout instant, les projets les plus saugrenus, les plus extravagants, les plus antidémocratiques pourraient être proposés dans les assemblées populaires; ces propositions, celles qui seraient présentées par les ministres ou l'assemblée des commissaires, pour être mises à l'ordre du jour, discutées, amendées votées, dépouillées, prendraient un temps infini; la vie tout entière se passerait à bavarder, voter et dépouiller.

S'est-on bien rendu compte du temps qui devrait être consacré non à discuter et à dépouiller les scrutins, mais seulement *à voter?* Qu'on examine le temps que prend cette opération à l'Assemblée nationale; qu'on se représente qu'il ne faut pas moins de *deux jours entiers* pour faire voter un département au scrutin de liste ; qu'on se figure le temps qu'il faudrait à une assemblée de cinq cents personnes seulement pour déposer un bulletin de vote par *oui* ou par *non*. En supposant que le votant eût son bulletin préparé d'avance, il ne lui faudrait pas moins d'une demi-minute, et c'est bien peu, pour répondre à l'appel de son nom, aller au bureau et déposer son vote : voilà donc deux cent cinquante minutes, c'est-à-dire QUATRE HEURES DIX MINUTES employées à faire voter seulement par *oui* ou par *non*, sans lecture du projet, sans discussion, sans dépouillement, sans rédaction du procès-verbal.

Et qu'on ne dise pas qu'on pourrait faire voter par assis et levé. Le procès-verbal ne devrait pas se borner à constater que la majorité a décidé telle ou telle chose ; ce mode, outre qu'il n'offrirait rien de précis, pourrait donner lieu aux abus les plus scandaleux. Une question peut être mal posée, mal comprise ; la loi qui sortirait d'un pareil mode de votation n'aurait aucune autorité. MM. Considerant et Rittinghausen l'ont bien senti ; le premier s'exprime ainsi * :

« Ce que l'on peut faire dans votre localité, on peut le faire dans toutes les autres. Vous savez voter au scrutin de liste, à plus forte raison SAUREZ-VOUS METTRE UNE BOULE BLANCHE DANS UNE URNE si vous acceptez la proposition, UNE NOIRE SI VOUS LA REPOUSSEZ.

* *La Solution, ou le Gouvernement direct du peuple*, par V. Considerant, pages 55 et 56.

« Devant vous, dans votre section, le vote est dépouillé et proclamé.

« Expédié au chef-lieu de l'arrondissement ou du département, le résultat du vote de votre section y est proclamé de nouveau et totalisé avec ceux des autres sections de la circonscription. Cette proclamation et le total sont reproduits par les journaux de la localité, sous le contrôle public de la FIDÉLITÉ DES ADDITIONS. C'EST LE MÊME MÉCANISME QUE CELUI DES VOTES ÉLECTORAUX. »

M. Rittinghausen s'exprime ainsi * :

« La discussion close, CHAQUE CITOYEN ÉMETTRA SON VOTE. APRÈS LE DÉPOUILLEMENT, le président de la section fait transmettre au maire de la commune LE CHIFFRE DES VOTES POUR ET CONTRE; le maire fait le relevé des votes de toutes les sections de la commune et en communique le résultat à l'administration supérieure qui, en opérant de la même manière pour son district, fait parvenir LE CHIFFRE DES VOTES POUR ET CONTRE au préposé du département. Ce dernier transmet le résultat du dépouillement au ministre, qui fait L'ADDITION pour le pays tout entier. »

Cette opération est simple et ne demande que peu de travail et de temps (merci !), elle fera connaître exactement COMBIEN DE CITOYENS ONT APPROUVÉ ET COMBIEN ONT REPOUSSÉ telle ou telle mesure. La majorité décide de l'adoption ou du rejet.

* *De la Législation directe par le peuple, ou la véritable Démocratie*, pages 23 et 24.

Nous croyons que la question du gouvernement direct est définitivement jugée, elle se traduit par un mot : IMPOSSIBILITÉ.

Cependant, un mot encore. Les auteurs du projet du gouvernement direct ne s'occupent en aucune façon des habitants des campagnes qui forment cependant l'immense majorité du pays. Pense-t-on qu'après une journée de fatigue, beaucoup fussent disposés à faire une lieue, quelquefois plus, pour se rendre deux ou trois fois par semaine à la commune et prendre part au vote des lois, assister à des discussions qui se prolongeraient jusqu'à onze heures ou minuit, eux qui ont tant besoin de repos et de sommeil pour pouvoir être rendus à leurs travaux dès l'aurore.

Les discussions auraient nécessairement lieu sans eux ; c'est-à-dire, en l'absence de ceux qui composent la majorité et c'est ce qu'on appelle pompeusement le gouvernement direct du peuple.

Nous ne parlerons pas de toutes les intrigues mises en jeu par le royalisme et de toutes les influences hostiles auxquelles seraient exposés des hommes simples, pleins de bon sens et de patriotisme, mais tout à fait ignorants des matières de législation et de gouvernement ; c'est à peine si les *fortes têtes* sont à la hauteur des graves problèmes qui s'agitent en ce moment, et l'on veut confier le soin de les résoudre à des hommes qui y sont tout à fait étrangers. Ces hommes ont le sentiment de leurs besoins, cela est vrai, mais le sentiment des besoins ne suffit pas, la solution des problèmes de l'avenir est une affaire de science économique et politique.

De ce que le peuple a capacité pour choisir un mandataire, il ne s'ensuit pas qu'il ait capacité pour faire la loi. Faut-il s'en étonner lorsqu'on considère l'état d'infériorité intellectuelle dans lequel les gouvernements antérieurs l'ont maintenu à dessein afin de mieux en avoir raison.

Nous n'aimons pas les célébrités; nul plus que nous n'en fait justice; mais nous voulons qu'on reste dans les limites du possible et que, sous prétexte de sauver la démocratie, on ne la livre pas à tous les hasards d'une théorie dont ses auteurs n'ont pas suffisamment calculé la portée.

Chose étrange, inconcevable, c'est à peine si le pays est à la hauteur de la République! Hier encore il acclamait président un PRINCE qui par deux fois avait tenté de revendiquer à main armée SES DROITS à la couronne de France; hier encore il nommait une assemblée royaliste aux trois quarts, et c'est au moment où la démocratie commence à être en possession d'elle-même, à s'appartenir, au moment où elle va être majorité par la représentation, qu'on lui propose de s'abandonner aux influences qui ont jusqu'à ce jour égaré les esprits!

C'est un moyen, dit-on, de faire cesser la divergence des systèmes et de prévenir leurs dangers. Erreur, la diversité des sectes et des écoles empêche l'une d'elles de prévaloir exclusivement; l'organisation du crédit doit nécessairement les rallier toutes; donc point de danger de ce côté; le danger exista-t-il le gouvernement direct le généraliserait au lieu de le faire disparaître.

Par la délégation temporaire, la souveraineté n'est pas aliénée; déléguer une fonction pour un temps déterminé et très-court, n'est pas abdiquer la souveraineté, c'est au contraire faire acte de souveraineté.

Que le mandataire ne cesse pas d'être sous la dépendance du mandant, que sa révocation, sa responsabilité soient stipulées, et plus n'est besoin de chercher dans le gouvernement direct un remède contre l'usurpation.

Ces mesures seront surtout efficaces au point de vue préventif; avec elles les violations du mandat seront aussi rares qu'elles sont fréquentes aujourd'hui. On peut même affirmer sans témérité que les abus de confiance dont nous avons été tant de fois les témoins ne se reproduiront plus.

Le gouvernement direct, en le supposant praticable, pourrait se comprendre chez un peuple très-avancé en démocratie, ayant des intérêts homogènes, une législation simple, de bonnes institutions de crédit, une démocratie organisée enfin et fonctionnant depuis plusieurs années. Le gouvernement direct, toujours en le supposant praticable, serait la fin. De grâce, messieurs, commençons par le commencement.

Nous indiquerons, en terminant, comment nous

entendons régler la délégation. Examinons maintenant le système de M. Émile de Girardin.

CHAPITRE XVII

Gouvernement simplifié de M. Émile de Girardin.

M. Émile de Girardin, dans un travail intitulé *De l'abolition de l'autorité par la simplification du gouvernement*, propose de supprimer l'Assemblée législative et de concentrer tous les pouvoirs entre les mains d'un personnage auquel il donne le nom de *maire de France*. Ce fonctionnaire serait élu tous les ans en même temps que onze autres individus qui composeraient ce que M. Émile de Girardin appelle la *Commission de surveillance et de publicité*. Les uns et les autres seraient indéfiniment rééligibles. Est maire de France celui qui a obtenu le plus grand nombre de suffrages; les membres du conseil de surveillance viennent après. Le maire de France est assisté par deux adjoints qu'il nomme et qu'il révoque; l'un remplit les fonctions *de ministre des recettes*, l'autre celles *de ministre des dépenses*.

Au maire de France, sous sa responsabilité personnelle, le gouvernement, l'administration, l'action enfin; au conseil de surveillance le contrôle.

En cas de dissentiment entre eux, les électeurs sont convoqués et prononcent, en réélisant celui ou ceux auxquels ils donnent raison.

Tel est le système; il est assurément d'une extrême simplicité. La préoccupation de M. E. de Girardin a été d'établir une espèce de chronomètre politique, à l'aide duquel toutes les opinions pussent être représentées; l'opinion de la majorité par le maire de France, les opinions de la minorité représentées par la commission de surveillance.

Ainsi ce chronomètre indiquerait avec la plus rigoureuse exactitude combien compteraient de voix :

L'opinion bonapartiste représentée par M. L.-N. Bonaparte;

L'opinion orléaniste représentée par M. Thiers;

L'opinion légitimiste représentée par M. Berryer;

L'opinion légitimiste représentée par M. de la Rochejacquelein;

L'opinion fusioniste représentée par M. Guizot;

L'opinion terroriste par une fraction de la Montagne;

L'opinion soldato-républicaine par *le National;*

L'idée de la liberté absolue par *la Presse;*

L'idée mixte (tiers-parti) représentée par *le Siècle;*

L'idée communiste représentée par *le Populaire;*

L'idée phalanstérienne par la *Démocratie pacifique*, etc., etc...

Chaque électeur ne pouvant écrire qu'un seul nom sur son bulletin, il en résulterait, d'après M. Émile de Girardin, que la minorité se trouverait nécessairement représentée dans le conseil de surveillance. Qu'on se figure donc M. Ledru-Rollin élu maire de France, ayant une commission de surveillance composée de MM. Thiers, Guizot, Berryer, etc., et qu'on me dise s'il serait possible que des individualités qui représentent des idées si opposées pussent vivre un seul jour côte à côte; n'est-il pas présumable qu'à tout instant éclateraient des dissentiments qui nécessiteraient l'intervention du pays; après quoi ce serait toujours à recommencer.

Mais M. de Girardin se berce d'illusions lorsqu'il croit que chaque parti, chaque nuance d'opinion voterait pour un candidat qui représenterait exactement sa pensée politique. Il arriverait infailliblement que toutes les nuances se grouperaient sur deux noms représentant l'un le parti du progrès, l'autre le parti de la résistance, l'un la république, l'autre la monarchie. Ces deux ces éléments se disputeraient vivement le pouvoir, on peut y compter. Qu'importerait à la démocratie, pour échapper au gouvernement de MM. Thiers, Berryer, Guizot et consorts, que le maire de France s'appelât Lamennais, Michel de Bourges, Ledru-Rollin, Mathieu (de la Drôme) ou Carnot? Qu'importerait au parti royaliste que le maire de France s'appelât Berryer, Thiers, Guizot, Changarnier ou Odilon Barrot? Ces messieurs ne s'entendent pas déjà trop mal, et quelle différence, s'il vous plaît, dans leur politique? Ne se résume-t-elle pas en deux mots : *résistance, compression?* En ne se groupant pas sur un nom les républicains craindraient de livrer le pouvoir aux royalistes, les royalistes aux républicains; l'unité dans le vote serait une loi d'impérieuse nécessité.

Qu'arriverait-il alors? Il arriverait que sur dix millions de votants, M. Lamennais, par exemple, réunirait six millions de suffrages et M. Changarnier quatre millions neuf cent cinquante mille, les cinquante mille voix restant, perdues ou égarées sur une multitude de noms; avec quoi donc M. E. de Girardin composerait-il son conseil de surveillance? Il n'aurait ni conseil de surveillance, ni chronomètre politique, mais seulement un maire de France qui s'appellerait Lamennais ou Changarnier : voilà à quoi il aurait abouti.

En admettant que le résultat du vote fût tel que le suppose M. E. de Girardin, et qu'il fût possible de constituer une commission de surveillance, qu'aura-t-il fait? Il aura constitué un antagonisme politique incessant entre deux éléments diamétralement opposés. Ce qui est pour l'un un objet d'admiration est pour l'autre un objet de mépris ; lorsque l'un voudra fonder la liberté, l'autre voudra reconstituer l'autorité; ce qui pour l'un est le bien, est pour l'autre le mal; ce qui est pour l'un la vérité est pour l'autre l'erreur. Le contrôle tendra toujours à enrayer l'action, cela est incontestable; de là des tiraillements, des luttes sans fin, le pays sans cesse appelé à mettre le *holà* et n'y réussissant jamais.

Je veux encore admettre que rien de tout cela n'ait lieu et que, contrairement à toutes les prévisions, les éléments dont nous venons de parler puissent vivre en paix ; que, par des concessions réciproques, dans un but d'harmonie, d'ordre, de sécurité, maire de France et commission de surveillance fassent bon ménage, qu'en résultera-t-il ? Le contrôle disparaît pour faire place à un pouvoir unique, absolu ; on a tout bonnement organisé le despotisme. Mes amis Renouvier et Fauvety ont très-justement dit que la démocratie n'avait rien à voir dans de pareilles conceptions, et que c'était en Russie qu'il fallait les porter !

Chose étrange, M. de Girardin est tout à la fois un homme de liberté et un homme de pouvoir. Après avoir été amené à proclamer la théorie de la liberté absolue, par l'analyse de l'autorité, à l'abolition de laquelle il n'hésite pas à conclure, il se trouve qu'il reconstitue l'autorité avec tout le prestige que lui donne une grande élection.

Mais M. de Girardin ignore-t-il donc que pouvoir et liberté sont deux choses essentiellement antipathiques ; que jusqu'à ce jour ces deux ennemis irréconciliables ont lutté l'un contre l'autre, et que toujours le pouvoir a absorbé la liberté ?

Ignore-t-il que toute idée de gouvernement par en haut est essentiellement antidémocratique, et que la démocratie n'est autre chose que le gouvernement par en bas ?

N'est-il pas temps de démolir de fond en comble, au lieu de le reconstituer, le principe d'autorité qui, par suite d'une longue centralisation, a jeté dans les esprits des habitudes détestables, entretenu des pratiques funestes et perverti les notions les plus saines en matière de droit public?

Quand cessera-t-on de résumer la démocratie dans un nom!

La démocratie n'est pas tel ou tel nom.

La démocratie est un principe.

Les hommes changent.

Les principes seuls ne changent pas.

Depuis trop longtemps la démocratie est livrée en pâture à des noms propres, à des célébrités de contrebande, sans foi politique, qui, une fois arrivées, n'aspirent qu'à se maintenir. Il faut se hâter de changer cette pratique déplorable; il faut cesser de jouer aux noms propres et de placer le salut de la démocratie sur cette carte bizeautée.

Après de longs siècles de monarchie, après une centralisation puissante, après surtout l'épreuve déplorable de l'institution de la présidence, avec le prestige que les idées de pouvoir et d'autorité exercent encore sur un grand nombre d'esprits, il y aurait danger et danger sérieux à confier le pouvoir à un seul ou à un petit nombre. La démocratie n'est autre chose que la négation des individualités et l'affirmation de l'idée collective; or, l'idée collective ne peut être représentée que par une collection nombreuse d'individus. Toute collection nombreuse absorbe l'individu et met en relief le principe: la démocratie est alors conséquente avec elle-même.

M. E. de Girardin, en confiant au maire de France la faculté de prescrire sous sa responsabilité personnelle tous les règlements d'administration publique, toutes les mesures de sûreté intérieure et extérieure, déclare, il est vrai, que, sous quelque prétexte que ce soit de souveraineté nationale ou de salut public, ces règlements et ces mesures ne pourront porter aucune atteinte ni directement, ni indirectement, soit à la souveraineté individuelle, soit à la souveraineté communale ; mais où sera la garantie contre une collusion possible entre le maire de France et le conseil de surveillance, contre les abus d'autorité et les usurpations de pouvoir? La révocation en ce cas sera-t-elle permise? comment sera-t-elle exercée? quelles peines atteindront les mandataires infidèles? qui les jugera? M. de Girardin ne le dit pas; là cependant était toute la question.

La délégation de M. Émile de Girardin, en la supposant praticable, présente d'immenses dangers pour la liberté; elle est par sa nature même essentiellement antidémocratique.

CHAPITRE XVIII

Des conditions de la délégation.

La délégation des fonctions législatives étant une nécessité, voici comment nous la concevons :

MANDAT IMPÉRATIF pour une année.

En cas de violation du mandat, et par ce seul fait, le mandataire est déchu de ses fonctions, le collége électoral s'assemble et pourvoit à son remplacement.

A la suite de la révocation, les tribunaux sont saisis et le mandataire condamné aux peines prononcées par la loi pour abus de confiance électorale. Cette peine, quelle qu'elle soit, devra nécessairement entraîner *pour toujours* la privation des droits de citoyen.

Bien des gens vont se récrier à l'idée du mandat impératif, et je le conçois. Les députés qui se présentent à l'élection avec l'arrière-pensée de trahir la démocratie n'y trouveront pas leur compte ; d'autres encore, dominés par des préjugés monarchiques n'hésiteront pas à repousser *à priori* le mandat impératif, et cependant la nécessité de la délégation une fois admise, rien de plus naturel, de plus logique, de plus conforme, sinon à la tradition, du moins au principe démocratique, que le mandat impératif.

Le peuple est-il souverain ? Oui.

S'il est souverain, il a incontestablement le droit de formuler sa volonté.

Sa volonté formulée doit être *la loi* du mandataire.

Ici, comme dans tout mandat, la personnalité du mandataire s'efface pour faire place à la volonté du mandant.

Le mandataire n'est pas lui-même, mais *autrui*. Jamais il ne doit perdre ce caractère.

S'il substitue sa volonté à celle du mandant, il y a usurpation de la souveraineté.

Je ne puis concevoir un mandat sans un *objet déterminé*.

Je ne puis concevoir que, jusqu'à ce jour, un mandat aussi important que celui de concourir à la confection des lois n'ait pas été déterminé d'avance.

Jusqu'à ce jour, par un renversement de tous les principes, des notions les plus simples, les plus naturelles, le mandataire a eu *carte blanche*.

En procédant ainsi, il n'y a pas seulement aliénation de la souveraineté, il y a *abdication*.

Le mandataire devient le maître du mandant, et c'est bien fait. Le mandant ne doit en accuser que son imprudence.

Impossible, sans mandat impératif, de stipuler la responsabilité du mandataire.

Rien de plus simple, au surplus, que de déterminer un mandat législatif au moins pour les questions principales qui sont toutes prévues d'avance; pour les questions imprévues, le mandataire sera libre, à moins que les comices ne lui signifient leur volonté.

Il ne s'agit pas de formuler une règle de conduite sur chaque objet particulier, d'entrer dans les détails; il s'agit d'un exposé général de principes formulé avec assez de précision pour qu'il soit facile en rapprochant la conduite de l'élu de son mandat de décider si, oui ou non, il y est resté fidèle.

Un exemple va prouver combien il est facile de déterminer un mandat législatif.

Le mandataire est-il oui ou non pour un impôt unique ou multiple, proportionnel ou progressif sur le capital ou sur le revenu?

Est-il pour l'enseignement gratuit et obligatoire ou pour l'enseignement gratuit seulement?

Est-il d'avis que l'enseignement soit libre ou bien que l'État ou les communes en aient le monopole?

Veut-il que la magistrature soit inamovible ou élue, et pour quel temps?

Admet-il un ou plusieurs degrés de juridiction?

Veut-il organiser le crédit par l'État, les communes, ou par association?

Entend-il organiser tout à la fois, immédiatement, le crédit agricole, mobilier, personnel et moral, ou l'un de ces crédits seulement, ou deux, et lesquels?

En cas d'organisation du crédit par l'État ou les communes? Quelle somme entend-il affecter à chacun de ces crédits, et sur quelles ressources veut-il la prélever?

Etc., etc., etc.

La détermination du mandat, on le voit, est on ne peut plus facile; mais elle suppose que le mandataire a étudié les matières qui rentrent dans ses attributions.

Il n'est pire représentants que ceux qui arrivent à l'assemblée sans idées arrêtées; avec eux le parlementarisme a beau jeu. Ils trouvent qu'on ne parle jamais assez; aussi les discussions se prolongent-elles indéfiniment au préjudice des affaires et du pays qui paie les frais.

Quelquefois il suffira d'un discours pathétique pour enlever une opinion, lorsque quelques précisions nettement formulées eussent suffi pour déterminer un vote dans un sens contraire.

Ce qu'on nomme l'éloquence est la chose la plus funeste dans les assemblées délibérantes : les majorités sont souvent entraînées ; rien n'est dangereux comme de voter sous l'impression de l'enthousiasme qui substitue la passion là ou la raison seule devrait fonctionner.

Plus d'un député a assurément regretté le lendemain son vote de la veille.

L'éloquence est à la pensée ce que la coquetterie est à l'amour, elle en est le charlatanisme.

Une assemblée législative ne doit pas être une académie de littérature, mais une chambre d'affaires. Le peuple n'a pas besoin de discours, mais de bonnes institutions qui lui garantissent le travail, l'éducation, la liberté, qui favorisent, en un mot, le développement de toutes ses facultés.

Il ne manque dans nos assemblées ni de littérateurs en renom, ni des orateurs, ni des poëtes. Ce qui y manque, ce sont des *hommes pratiques*. Les orateurs et les poëtes perdent les révolutions, les hommes pratiques les sauvent.

Nous avons dit qu'une assemblée législative devait être une chambre d'affaires; pour cela il suffit d'appliquer à cette matière le principe de la division des fonctions. Le principe de la loi est voté en séance générale; des comités nombreux sont formés; chaque membre de l'assemblée se fait inscrire à celui dont les matières rentrent plus spécialement dans sa compétence; là, le travail est divisé; le procès-verbal des séances est tous les jours sténographié, imprimé et distribué afin que chacun soit mis à même de connaître soit l'ensemble des travaux, soit l'état dans lequel ils se trouvent. Les travaux terminés, un rapport sommaire et substantiel tout à la fois est présenté à l'Assemblée qui vote le projet de loi, après une courte discussion.

Cette manière de procéder ne prête guère aux grands discours, aux émotions parlementaires, aux coups de théâtre; on ne fait ni de la littérature, ni du drame, on fait tout bonnement les affaires du pays; c'est moins amusant à faire et à lire que ce qui se pratique aujourd'hui, mais c'est plus utile.

Ainsi tous les jours, de huit heures à midi, séance dans les comités; de deux à six heures, séance publique; à moins d'excuse jugée valable ou de congé, les membres de l'Assemblée doivent rigoureusement y assister, et, en supposant que le chiffre de l'indemnité qui leur est accordée soit maintenu, elle ne leur sera acquise que lorsqu'ils auront été présents, moitié pour la séance du comité, moitié pour la séance publique.

Voilà comment nous concevons la délégation; elle doit être une fonction active et non une sinécure; et comme il ne faut pas que la délégation devienne *une profession*, comme il est utile que le délégué rentre dans la vie privée, soit pour se retremper dans son patriotisme, en vivant de la vie de tout le monde, et aussi, et surtout afin qu'il lui soit bien démontré qu'il ne cesse pas d'être le subordonné de ses commettants, leur serviteur et non leur maître, nous proposons qu'aucun représentant ne puisse être réélu qu'après qu'il se sera écoulé une session entre la fin de son mandat et une nouvelle investiture. Ce sera là un moyen infaillible pour démolir le prestige des noms et les influences dominatrices : l'homme disparaîtra devant la fonction.

Ainsi s'évanouiront les dangers qui s'attachent à la délégation, et plus n'est besoin de chercher dans le gouvernement direct, démontré impossible, un remède à la situation actuelle.

CHAPITRE XIX

Résumé et Conclusion.

Notre tâche est terminée. En nous résumant, nous dirons : Sur la question sociale : ORGANISATION DU CRÉDIT ; sur la question politique : LIBERTÉ ABSOLUE ; sur la question du gouvernement : DÉLÉGATION ANNUELLE ET RESPONSABILITÉ, tout est là.

On aura beau se creuser, se torturer l'esprit, on ne trouvera pas d'autre solution, nous le répétons avec confiance, mais sans orgueil, **TOUT EST LA** !

Nous n'avons rien découvert, rien inventé. Nous avons fait l'office de rapporteur dans le grand débat qui s'agite. Nous avons fait comparaître devant vous les principaux systèmes qui divisent les esprits sur la question sociale et politique, nous les avons analysés autant que le comportait le cadre restreint de ce travail, et nous les avons jugés avec indépendance au point de vue de la spéculation pure et de leur application à la société actuelle. Puissent ces pages qu'un dévouement inaltérable à la cause de la démocratie a dictées avoir pour effet d'appeler les esprits sur le terrain de *l'unité*, dont le besoin se fait impérieusement sentir, et sans laquelle l'avénement de la démocratie sera indéfiniment ajourné.

Fonder la démocratie n'est pas l'œuvre d'un jour, mais de plusieurs années. Cette œuvre exige un dévouement de tous les instants, une foi vive et persévérante. Il faut surtout faire abnégation complète de sa personnalité et être toujours prêt à sacrifier à cette grande cause sa liberté, sa fortune et sa vie. Ce n'est pas le courage individuel qui nous manque, c'est le *courage civil*. Le premier venu est prêt à affronter les périls d'un duel, et peu, bien peu sont disposés à faire usage des moyens nécessaires pour faire respecter les droits des citoyens à tout instant violés. Si on ne manque pas de confiance en soi, on manque de confiance dans autrui, on craint de n'être pas secondé et on se tait. Voilà le mal. Il n'y a pas de solidarité politique, parce qu'il n'y a pas d'unité ; que l'unité se fonde, et avec elle surgira une étroite solidarité qui rendra le despotisme désormais impossible.

Sans unité de vues, sans foi politique persévérante, sans un dévouement absolu et de tous les instants, la démocratie périra.

Rappelons-nous les luttes héroïques de nos pères, leur abnégation, leur patriotisme, leur vertu ; renouons la chaîne des temps, craignons que la postérité ne jette un jour à notre mémoire l'épithète ignominieuse de bâtards.

Ce qui a perdu la révolution de Février, ce ne sont ni les défaillances des uns, ni la trahison des autres, ni les excentricités du socialisme, ni les résistances de la réaction ; ce qui l'a perdue, c'est l'INCAPACITÉ. Nous avons été surpris par la révolution, rien n'était préparé, on n'a su rien formuler et la révolution s'est abîmée dans l'impuissance. Il était difficile qu'il en fût autrement ; si cette situation avait duré, la République eût infailliblement péri.

Heureusement la réaction est venue à notre aide. En occupant la scène politique, elle a masqué l'impuissance de la démocratie, elle lui a donné le temps de s'étudier, de se connaître, de se formuler. Aujourd'hui la démocratie commence à être en possession d'elle-même, à discerner son principe, ses moyens et son but ; encore quelque temps et l'élaboration sera complète.

En décimant la démocratie, la réaction a fait un mal présent considérable, mais aussi un bien immense pour l'avenir. La cause a profité de tout ce que les individus ont souffert, et je n'hésite pas à reconnaître dans mon indépendance que la réaction a sauvé la République. Vienne désormais notre heure, et grâce à elle nous pourrons dire : NOUS SOMMES PRÊTS.....

Puisse le bien qu'elle aura involontairement produit lui mériter, sinon le pardon, au moins l'indulgence du peuple pour le mal qu'elle a fait.

S'il était vrai que les exagérations du socialisme eussent donné naissance à la réaction, MERCI AU SOCIALISME.

Le socialisme a failli perdre la République en juin. S'il eût triomphé, au milieu des compétitions rivales et de l'anarchie des systèmes, la Révolution et la République elle-même auraient infailliblement péri : MERCI AUX VAINQUEURS DE JUIN, moins toutefois les excès et les iniquités.

Sans l'espérance d'un avenir meilleur que le socialisme a entretenu dans les âmes, le peuple découragé, las de révolutions stériles, accablé de misère, eût abdiqué entre les mains du premier despote qui lui aurait tendu les bras, et cependant il n'a jamais cessé de crier : *Vive la République!* MERCI ENCORE UNE FOIS AU SOCIALISME.

Tout s'est conjuré pour protéger la démocratie, tout, jusqu'à ses fautes : exagération, diversité des systèmes, répression de juin, réaction, tout lui est venu en aide! Qui oserait affirmer après cela qu'elle n'est pas destinée à vivre!...

Le progrès est fatal. C'est la loi des sociétés humaines, une loi supérieure contre laquelle rien ne saurait prévaloir. Jusqu'à ce jour le progrès est né de l'excès du mal. Désormais il doit résulter du bien lui-même. A l'action indirecte doit succéder l'action directe qu'inaugurera l'avénement de la démocratie.

Qu'on y songe, la démocratie n'a pas de plus grand ennemi qu'elle-même. Fille du libre examen, elle est naturellement portée à abuser de son principe; de là, la multiplicité des systèmes, l'exagération des individualités, le défaut d'unité. Le temps est venu pour elle *de fixer les principes*, de s'y rattacher comme à une planche de salut. Soyons moins exclusifs, un peu moins nous-mêmes, persuadons-nous que nous pouvons nous tromper. Sachons faire à la cause le sacrifice de notre opinion personnelle, la cause y gagnera, les individus n'y perdront rien et l'unité sera fondée.

Allons, allons, plus de vaines disputes, plus de récriminations puériles; toutes les nuances ont leur raison d'être, toutes ont leur utilité, toutes servent la cause du progrès : la vérité n'est nulle part, elle est partout. La démocratie n'est ni une école, ni une secte, ni une nuance : elle est l'ensemble des écoles, des sectes et des nuances; la démocratie est un tout dont les éléments varient à l'infini; l'arbre démocratique est assez vaste pour abriter tous ses enfants. Communistes, phalanstériens, individualistes révolutionnaires, montagnards, girondins, hommes de liberté et de gouvernement, je vous évoque tous, venez. Venez concourir à l'œuvre la plus considérable qui fut jamais : détruire l'ignorance et la misère, ces deux fléaux qui depuis de longs siècles déciment notre pauvre humanité. Abolir les priviléges, fonder la liberté, consolider l'égalité civile et politique, et réaliser l'égalité devant le travail ; faire succéder l'ordre véritable, celui qui résulte du jeu libre et spontané des facultés humaines à cet ordre mensonger qui a besoin de compression pour se maintenir. Venez, le nouveau monde vous appelle et réclame le concours de vos efforts, de vos études, de vos méditations.

Il y a place pour tous au soleil de la liberté; songez à l'immense responsabilité qui pèserait sur vous, si par vos divisions vous faisiez sombrer le vaisseau de l'avenir : la postérité flétrirait votre mémoire, et le peuple que vous aimez, sachez-le bien, ne vous le pardonnerait pas, et il ferait bien, car vous auriez trahi sa cause et commis le plus grand de tous les crimes : UN CRIME DE LÈSE-HUMANITÉ !

CHAPITRE XX

Quelques mots à propos d'une publication récente.

Au moment où nous terminons cet opuscule, un livre vient de paraître qui a eu un grand succès de scandale. On a déjà nommé l'auteur, M. Proudhon. Jamais cet écrivain, qui jusqu'à ce jour a tant abusé de la contradiction, n'avait accumulé sous sa plume tant d'énormités. Les notions les plus vulgaires de droit politique, les principes fondamentaux de la démocratie, la souveraineté du peuple, le suffrage universel y sont niés de la manière la plus odieuse. Les individualités les plus pures, les plus grands esprits, les saints et les martyrs de la démocratie, la révolution de Février y sont calomniés, insultés à chaque page ; l'immortel Jean-Jacques lui-même n'est pas à l'abri de ses dédains et de ses outrages. Après la lecture de ce livre, on se demande où l'auteur veut en venir. On serait tenté de croire que M. Proudhon n'a eu d'autre but que de jeter dans le camp démocratique de nouveaux éléments de division. Que M. Proudhon y songe, la partie qu'il joue n'est pas sans danger. On pardonne aux égarements passagers d'un homme qui a rendu des services, mais lorsque ces égarements deviennent une habitude, peut-être même un calcul, cet homme se perd, fût-il ce qu'on appelle un grand écrivain.

M. Proudhon n'a pas fait seulement un mauvais livre, il a fait une mauvaise action.

Et quel moment choisit-il pour une pareille œuvre, celui où les sectes, les écoles les plus divergentes tendent à se rapprocher, à se rencontrer sur un terrain commun; celui où le besoin d'unité se fait plus que jamais sentir. Diviser quand il faut concilier est l'œuvre d'un insensé ou d'un mauvais citoyen.

Nous l'avons dit, et nous le répétons : les chefs d'école n'ont plus à intervenir dans le débat qui s'agite. Leur mission est terminée quant à présent. Leurs systèmes qui avaient tant besoin d'épuration sont connus; la période critique à laquelle ils ont si activement concouru est terminée; la période organique ou d'épuration commence, et celle-ci ne leur appartient pas par cela seul qu'ils ne peuvent réagir sur eux-mêmes.

Encore si M. Proudhon avait jeté dans le monde une idée nouvelle, je comprendrais son intervention! Mais, non, c'est toujours la même idée qu'il poursuit sous des noms différents. Il ne fait que reproduire sa théorie de *l'an-archie*, qu'il appelle aujourd'hui : *réciprocité, loi du contrat.*

Cette théorie, maintenue dans de justes limites, a du vrai, nous ne saurions le nier. L'individu dans une société a des droits considérables; nous nous sommes suffisamment expliqué là-dessus. Dans toute société, à côté de l'intérêt individuel, il y a aussi l'intérêt collectif. Il arrive même souvent que ces deux intérêts sont en opposition flagrante.

Il est donc hors de propos, il est puéril de répéter sans cesse *tout par l'individu*, lorsque l'unique question consiste à préciser ce qui est du domaine individuel et ce qui est du domaine collectif.

Les explications que nous avons données sur ce sujet nous dispensent d'y revenir. Nous croyons que c'est là désormais un point hors de toute controverse.

M. Proudhon ne veut pas de lois, qu'elles émanent du peuple directement ou par délégation, et les repousse toutes également. Voici comment il s'exprime * :

« Mais que dis-je? des lois à qui pense par soi-même et ne doit répondre que de ses propres actes! des lois à qui veut être libre ou se sent fait pour le devenir! Je suis prêt à traiter, mais je ne veux pas de lois, je n'en reconnais aucune, je proteste contre tout ordre qu'il plaira à un pouvoir de prétendue nécessité d'imposer à mon libre arbitre. »

Chose étrange, M. Proudhon ne veut pas de lois, et cependant, dans une autre partie de son livre, il demande formellement qu'on ORGANISE les forces économiques. M. Proudhon appelle ainsi *certains principes d'action*, tels que *la division du travail, la concurrence, la force collective, l'échange, le crédit, la propriété.*

Or, comment ORGANISER les forces économiques

* *Idée générale de la Révolution au XIXe siècle,* page 149.

autrement que par des lois? Et afin qu'on n'en doute, M. Proudhon déclare * que la concurrence s'est pervertie à son tour comme la division du travail, qu'elle manque *de formes légales*. Pour organiser le crédit, M. Proudhon propose de convertir la Banque de France en banque d'utilité publique, et à ce propos il s'exprime ainsi : « Je propose donc en premier lieu, « pour obéir aux indications que fournit la pratique « financière, que les représentants du peuple (ici il « admet des représentants, lui qui quelques lignes « plus haut s'est prononcé contre la délégation) por- « teurs des cahiers de leurs départements, utilisant « la qualité que leur donne la Constitution politique « de 1848, RENDENT UN DÉCRET par lequel la Banque « de France soit déclarée, non pas propriété de l'État, « mais établissement d'utilité publique, et la liquida- « tion de la compagnie ordonnée. »

Plus loin, s'occupant de l'organisation de la propriété, il demande ** « que tout payement de loyer ou fermage acquière au locataire, fermier, métayer une part proportionnelle dans la propriété. »

Comment M. Proudhon espère-t-il inaugurer un pareil état de choses autrement que par une loi, et quelle loi!

Ailleurs, s'occupant de la liquidation des dettes de l'État, il demande que les intérêts qui seront payés aux créanciers s'imputent sur le capital.

Comment encore contraindre les créanciers à ac-

* *Idée générale de la Révolution*, page 47.
** *Id.*, page 42.

cepter ce mode de liquidation autrement que par une loi.

Et afin de rendre la contradiction encore plus flagrante, M. Proudhon propose une série de décrets.

M. Proudhon qui propose *d'organiser les forces économiques* SOUS LA LOI SUPRÊME DU CONTRAT, ce sont ses propres expressions, n'a pas remarqué que ces deux termes s'excluent réciproquement; en effet, qui dit organisation des forces économiques dit nécessairement LOI; il le reconnaît lui-même, puisqu'il formule des projets de décrets; qui dit contrat dit nécessairement VOLONTÉ INDIVIDUELLE, ACCORD LIBRE DE L'HOMME AVEC SON SEMBLABLE. Que M. Proudhon se contredise d'une page à l'autre, il n'y a là rien de surprenant; mais qu'il se contredise dans une formule de dix mots, en vérité, c'est le suprême du genre.

Des forces économiques qu'énumère M. Proudhon, une seule est susceptible d'être organisée, c'est le crédit. Toutes les autres, par leur nature, échappent à une organisation quelconque; elles appartiennent exclusivement au domaine individuel et le législateur n'a rien à y voir. Ainsi, *la concurrence, la division du travail, l'association,* qu'il plaît à M. Proudhon d'appeler *force collective, l'échange,* ne sont pas susceptibles de faire la matière d'un décret. Agir ainsi, ce serait admettre l'intervention de l'être collectif dans le domaine du travail, qui doit rester libre, et dont les forces économiques ne sont que les éléments. Ce sont là des facultés individuelles, et, nous l'avons précédemment démontré, les facultés ne sont pas susceptibles d'organisation. J'ai la faculté de marcher et je marche, la faculté de vivre et je vis, de penser et je pense, de travailler et je travaille, d'échanger et j'échange, de concourir et je fais concurrence, de m'associer et je m'associe, quand je veux, comme je veux et avec qui je veux, cela ne regarde que moi; ne suis-je pas libre de moi-même?

La propriété elle-même n'est pas susceptible d'organisation, en ce sens que la manière d'acquérir et de disposer est réglée par le Code civil, conformément à la loi naturelle; sans doute les formalités peuvent être simplifiées, les détails modifiés; mais quant au principe, je ne vois pas ce qu'on pourrait y ajouter ou en retrancher.

J'avais accusé M. Proudhon d'individualisme, mais je m'aperçois qu'il devient communiste; ne vient-il pas de sacrifier l'individu à la collectivité?

Ces contradictions sont déplorables en ce qu'elles tendent à égarer les esprits et à leur faire perdre de vue le but à atteindre. L'originalité de la forme, la vivacité de l'expression, les magnificences du style, peuvent séduire les hommes dont l'imagination domine le jugement; mais je ne puis me résoudre à considérer comme sérieux un écrivain qui procède ainsi.

Ailleurs, M. Proudhon revient de plus fort sur la théorie de l'anarchie, qu'il représente comme l'idéal de la démocratie la plus pure. Autant que M. Proudhon, j'aime la liberté; autant et plus que lui, je veux que l'État n'intervienne en aucune façon dans le domaine de l'individu, et pour cela je veux qu'il soit réduit à sa plus simple expression; mais comment obtenir ce résultat sans promulguer des lois qui protégent la liberté de chacun?

Protéger, assurer la liberté, telle est l'œuvre de la loi au point de vue démocratique. Toute loi qui empiète sur le domaine individuel n'est point une loi; les citoyens ont le droit de lui refuser obéissance.

Oui, je le reconnais, un peuple qui pourrait se passer de lois serait l'idéal de la démocratie; oui, la meilleure organisation d'une société est précisément l'absence de toute organisation, car cette manière d'être suppose un sentiment exquis du droit et la pratique rigoureuse des devoirs sociaux; oui, la loi du contrat, qui n'est autre que la spontanéité de chacun en toute chose, l'essor libre de l'individu, est la loi par excellence, parce qu'elle est la loi que chacun se fait à soi-même, et que l'homme, comme l'univers, a ses lois naturelles, c'est-à-dire des instincts, des volontés, des besoins et des passions à satisfaire.

Mais la société actuelle représente-t-elle cet idéal? Hélas! que voyons-nous? les opinions les plus opposées, les plus dissidentes, qui se heurtent et se combattent, des intérêts hostiles qui luttent les uns contre les autres, et tendent à s'entre-détruire, des compétitions sans nombre qui s'agitent, misère d'un côté, opulence de l'autre, ignorance et savoir, vice et vertu, aspirations vers la liberté et tendance à l'oppression, vérité d'un côté, erreur de l'autre, le sentiment des droits et des devoirs généralement peu développé : voilà la société.

Vouloir appliquer à cette société, en toute matière, la loi du contrat, serait folie. La démocratie, n'étant pas organisée, ne pourrait légalement se protéger et se défendre, et ne tarderait pas à succomber sous les coups que les intérêts hostiles ne cesseraient de lui porter.

L'opposition d'intérêts que nous venons de constater engendre des opinions diverses, notamment deux opinions diamétralement opposées, se traduisant par les mots : république et monarchie ; de là, une *majorité* et une *minorité*.

Que la vérité ne soit pas dans le nombre, mais dans la raison, d'accord ; mais si on n'admet pas que la majorité fasse loi, où sera le *criterium?* Sur quoi s'appuiera-t-on ? Voyons, qu'on me le dise.

Si le nombre ne fait pas *présomption de vérité*, où sera-t-elle ? A quel signe la reconnaîtra-t-on ?

Donc toute société, toute gestion d'affaires collectives se traduit par deux mots : *majorité* et *minorité*.

A la majorité le pouvoir de faire la loi.

A la minorité le devoir de se soumettre.

La loi ne peut jamais être oppressive, ni violer aucune liberté ; voilà son caractère dans une démocratie.

Y a-t-il là rien que de très-légitime ?

Stipuler des garanties pour que la loi ne perde jamais son véritable caractère, décréter la responsabilité, organiser la résistance, telle est l'œuvre que la démocratie doit réaliser.

Et c'est au moment où la minorité va devenir majorité qu'on lui propose d'abdiquer !

Et c'est un démocrate qui tient un pareil langage !

La démocratie n'est-elle pas, par essence, la vérité, la raison, le droit, la justice?

Si M. Proudhon doute de la vérité de ce principe, qu'il le dise, alors je comprendrai qu'il préconise l'anarchie et repousse la loi de la majorité.

Si, au contraire, il reconnaît la vérité du principe, comment justifiera-t-il sa théorie?

Nous dirons en terminant à M. Proudhon : vous avez remué beaucoup d'idées, mais surtout au point de vue critique et négatif; et quoique vous ne cessiez de répéter que toute négation suppose une affirmation contraire, vous avez plus fait pour détruire que pour édifier. En cela, vous avez suivi la loi de votre nature, vous ne représentez qu'un aspect de la question; vous êtes individualiste et anti-propriétaire, aussi vous n'avez pas engendré, et je vous le prédis, vous n'engendrerez pas.

Il s'agit aujourd'hui de donner satisfaction aux intérêts nouveaux en respectant les intérêts actuels; cela se peut, j'en ai l'intime conviction : le crédit largement organisé permet de résoudre le problème social sans toucher à la propriété.

Je vous ai accusé d'alarmer les intérêts, et après la lecture du livre que vous venez de publier, je persiste plus que jamais dans cette accusation : qu'est-ce en effet que ce mode de liquidation que vous proposez des dettes des particuliers, si ce n'est une véritable spoliation? de quel droit, en vertu de quelle autorité vous immiscez-vous dans une matière qui échappe au législateur lui-même? de quel droit l'être collectif, dont il vous est arrivé si souvent de nier l'intervention et même l'existence, prétendrait-il s'imposer d'autorité dans le domaine des transactions? de quel droit ordonnerait-il que le payement des loyers et fermages acquerrait au propriétaire ou fermier une part proportionnelle dans la propriété? en vertu de quelle autorité les créanciers de l'État seraient-ils contraints d'imputer sur le capital de leurs créances, les intérêts qui leur seraient payés? Je ne vois là, je le répète, qu'une spoliation. Il ne vous a pas fallu un grand effort d'esprit pour trouver cela : ce n'est pas de la science que vous faites, je vous en avertis, mais de l'économie politique de grand chemin.

Non, non! ce n'est pas ainsi que la démocratie doit procéder : la démocratie est profondément honnête dans son principe et dans ses moyens : c'est la justice élevée à sa plus haute puissance, la spoliation n'est pas de son domaine; n'est-elle pas la protectrice de tous les intérêts?

Qui dit démocratie, dit justice et liberté, ne l'oubliez pas.

Vous êtes l'enfant terrible de la révolution, et je vous le dis en toute sincérité, vous la servez mal, car vous éloignez d'elle des intérêts qui ne demandent qu'à s'y rallier; vous la feriez haïr au lieu de la faire aimer; son plus mortel ennemi ne procéderait pas autrement que vous.

Vous êtes un grand esprit, M. Proudhon, mais un esprit qui s'égare ; les facultés éminentes dont vous êtes doué devraient vous dispenser de recourir aux excentricités. Le temps est passé où il suffisait de frapper fort pour être écouté ; aujourd'hui, sachez-le, il faut frapper juste.

TABLE DES MATIÈRES

Pages.

FIN DE LA TABLE.

www.ingramcontent.com/pod-product-compliance
Ingram Content Group UK Ltd.
Pitfield, Milton Keynes, MK11 3LW, UK
UKHW020458200726
13857UKWH00002B/756

9 782011 767813